蕭君玲著

中國舞蹈審美

文史哲學集成

文史哲出版社印行

蕭君玲 2008 作品《殘月‧長嘯》攝影：歐陽珊

蕭君玲 2008 作品《殘月‧長嘯》攝影‥歐陽珊

蕭君玲 2008 作品《殘月・長嘯》攝影：歐陽珊

蕭君玲 2008 作品《殘月‧長嘯》攝影‥歐陽珊

蕭君玲 2008 作品《殘月・長嘯》
攝影：歐陽珊

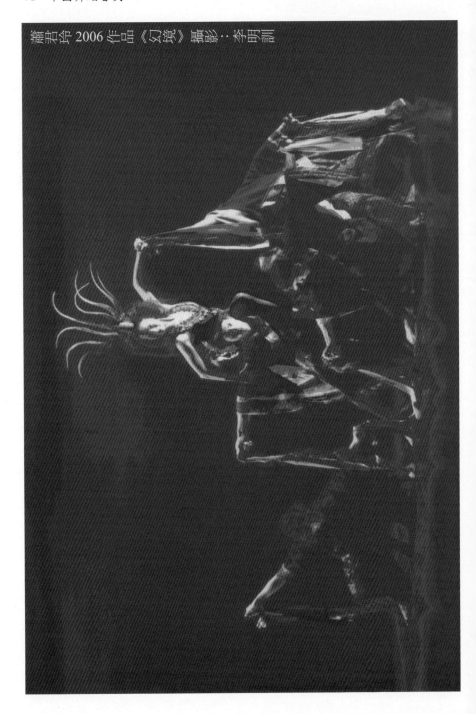

蕭君玲 2006 作品《幻境》攝影‥李明訓

蕭君玲 2006 作品《幻境》攝影：李明訓

蕭君玲 2006 作品《幻境》攝影：李明訓

蕭君玲 2006 作品《幻境》攝影：李明訓

胡民山 2006 作品拈花之《拈花》攝影：李明訓

蕭君玲 2006 作品《倚羅吟》攝影‥黃法良

蕭君玲 2006 作品《倚羅吟》攝影‥黃浩良

蕭君玲 2006 作品《荷羅吟》攝影‥黃浩良

雲門舞集 2006 年首演《狂草》　攝影：劉振祥

蕭君玲 2006 作品《夜雜談》攝影：郭和昌

蕭君玲 2005 作品《姹紫·嫣紅》 攝影：黃浩良

蕭君玲 2005 作品《姹紫‧嫣紅》攝影‥黃浩良

蕭君玲 2005 作品《姹紫‧嫣紅》攝影：黃浩良

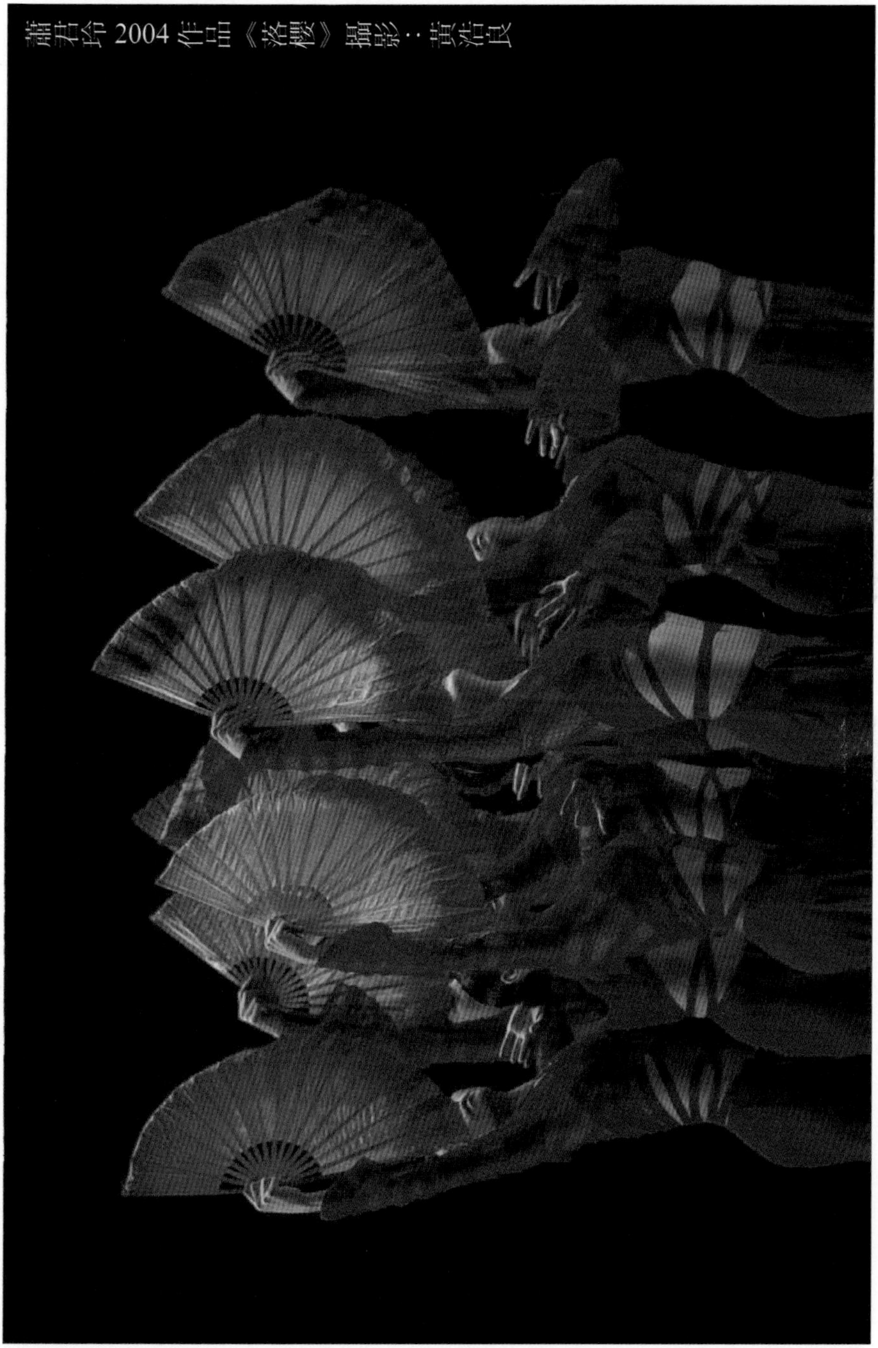

蕭君玲 2004 作品《落櫻》攝影：黃浩良

蕭君玲 2004 作品《落櫻》攝影‥黃浩良

蕭君玲 2004 作品《落櫻》攝影：黃浩良

蕭君玲 2004 作品《洛櫻》攝影‥黃浩良

蕭君玲 2003 作品《淨》攝影‥蔡德茂

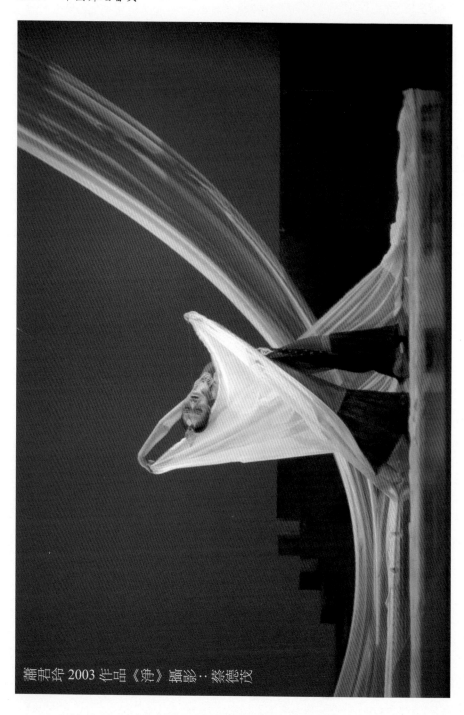

蕭君玲 2003 作品《淨》攝影：蔡德茂

蕭君玲 2003 作品《淨》攝影‥蔡德茂

蕭君玲 2007 作品《天喚》攝影：黃浩良

蕭君玲 2003 作品《香讚》（舞躍大地福爾摩沙首獎）攝影：李明訓

蔡麗華 2000 作品《菩提》攝影‥張國治

蔡麗華 2000 作品《菩提》攝影：張國治

蔡麗華作品《香火》攝影‥蔡德茂

蔡麗華作品《仕女圖》 攝影：李明訓

蔡麗華作品《慶神醮》攝影‥李明訓

中國舞蹈審美
目　　　錄

作者簡介

蕭君玲

現任：

臺北市立體育學院舞蹈系助理教授

臺北民族舞團　藝術指導

學歷：

中國文化大學舞蹈研究所

中國文化大學舞蹈系

台南家政專科學校音樂科舞蹈組

獲獎紀錄：

2004 年獲中華民國舞蹈學會頒發舞蹈教育
　　　績優—飛鳳獎
2003 年以作品《香讚》參加文化建設委員
　　　會主辦的「舞躍大地」舞蹈創作比賽
　　　獲得最高榮譽--『福爾摩莎首獎』
1991 年參加南非羅德堡國際舞蹈比賽
　　　獲傳統雙人組冠軍

主要作品：

2008 年　台北體育學院舞蹈系年度公演—「殘月‧長嘯」。
2007 年　台北體育學院舞蹈系年度公演—「天喚」。
2006 年　台北民族舞團年度製作「拈花舞劇」—編作第三幕「幻境」。
2006 年　台北體育學院舞蹈系年度公演—「倚羅吟」。
2005 年　台北民族舞團年度製作「牡丹紅」—編作「姹紫‧嫣紅」。
2005 年　擔任復興劇團年度公演「射天」舞蹈編排。
2004 年　擔任國光劇團大型崑劇「梁山伯與祝英台」舞蹈編排。
2004年　台北體育學院舞蹈系年度公演—「落櫻」。擔任日本「杜之賑」『花之
　　　祭典』台灣首演之編舞—作品「美麗的福爾摩莎」。
2003 年　台北體育學院年度公演，編創作品「香讚」。
2003 年　台北民族舞團年度公演，編創作品「淨」。
2002 年　台南女子技術學院畢業公演—編創作品「歡歌」。
2002 年　華岡藝術學校舞蹈科年度公演—編創作品「曇」。
2001 年　台北縣中小學舞蹈班教學成果展—「武撼」。獲台灣區舞蹈比賽優等獎。

2001 年　應僑委會邀請擔任「華光訪問團」歐洲團舞蹈編導，編創作品「華彩序曲」、「古韻傳情」、「蓮想」。

1993～2000 年編創作品「伎樂天」、「劍氣」、「歸」、「花雨‧花語」、「袖舞」、「迴流」、「蓮想」、「極樂淨土」、「千手千眼觀彼世間音」、「燃燈之歌」、「花開見佛」、「煙盒舞」、「幻化」、「悟」。

論文：

碩士論文：藏傳佛教舞蹈-寧瑪派金剛舞之探討

期刊論文：

2007 年 12 月，《中國舞蹈身體符號之能指與所指研究》，大專體育學刊，第九卷第四期。（共同作者：鄭仕一）

2006 年 11 月，《李漁戲曲美學在民族舞蹈編創上的應用》，北體學報，第十四期。（共同作者：鄭仕一）

2006 年 09 月，《民族舞蹈創作的藝術本性－在遮蔽與無蔽之間》，大專體育學刊，第八卷第三期。（共同作者：鄭仕一）

2005 年 12 月，《中國傳統身體文化之身體漾態的境界內涵-以 Derrida 解構理論分析》，大專體育學刊，第七卷第四期。（共同作者：鄭仕一）

2005 年 10 月，《臺灣傳統舞蹈之身體漾態的現象學分析》，大專體育，第 80 期。（共同作者：鄭仕一）

2005 年 8 月，《從梅洛龐蒂 "身體知覺" 探討舞蹈藝術》，大專體育，第 79 期。（共同作者：鄭仕一）

2005 年 6 月，《崑曲表演藝術之舞台設計與舞蹈美學探討－以青春版《牡丹亭》台北首演為例》，中國崑曲論壇，蘇州大學出版社。

2005 年 3 月，《舞蹈藝術創作之現象學詮釋》，大專體育學刊，第七卷第一期。（共同作者：鄭仕一）

2004 年 3 月，《敦煌舞蹈教學原則暨教學計畫範例設計》，美育雙月刊，138 期。（共同作者：鄭仕一）

2004 年 1 月，《道法自然之變動規律在中國舞蹈教學之應用》，中華體育季刊，第十八卷第一期。（共同作者：鄭仕一）

2003 年 1 月，《一位高中舞蹈科教師之教學研究》，美育雙月刊，第 131 期。（共同作者：鄭仕一）

2002 年 9 月，《金剛怒目眾神起舞－西藏高原上的寺院舞蹈》，傳統藝術，22 期。

2001 年 9 月，《建構主義在水袖舞蹈教學運用初探》，美育雙月刊，第 123 期。（共同作者：鄭仕一）

第一章　緒論

第一節　研究背景

一、舞蹈審美意象

「舞蹈的媒介，是稍縱即逝的流動人體，舞者與觀眾之間的相遇常常是一種轉瞬之間的印象」。[1]最後保留的是一個綜合的總體意象。所以「意象」是舞蹈審美研究的重要核心之一。而舞蹈亦是一種動態性的藝術，它不似繪畫、雕刻般的靜止不動，它是透過人體連續的姿態與動作，表現對生命與文化的情感與審美。但「就其表現內容來講，舞蹈是虛幻的」。[2]「舞蹈的姿勢是生命的運動。舞蹈是一種完整的、獨立的藝術，就是創造和組織一個由各種虛幻的力量構成的王國」。[3]而身體會自然的記憶當時的文化情感與審美意象，這是一個民族與文化生命延續的積澱，中國舞蹈的審美意象範疇就築基在這一延續與積澱的沃土上。所以探討審美意象必涉及到民族、文化與社會環境的交互作用。

舞蹈藝術還有另一個特性，是以抒情性為其本質特徵。「舞蹈這種時空綜合性的藝術，長於抒情，拙於敘事，是有很大虛擬性的表現藝術」，

---

[1] 劉　建、孫龍奎，《宗教與舞蹈》（北京：民族出版社，1998），17。

[2] 劉　建、孫龍奎，《宗教與舞蹈》（北京：民族出版社，1998），22。

[3] 蘇珊・朗格（Suanne. K. Langer）著，《情感與形式（Feeling and form）》（劉大基、傅志強、周發祥譯）（北京：中國社會科學出版社，1986），213。

[1]因為舞蹈使用的不是語言而是身體,但抒發內在情感,表現心靈意識,卻是舞蹈藝術的特性之一。內在的心靈意識創造出虛幻的藝術世界,它必須依靠強大的想像力才得以完成,而意象是創造這虛幻想像的重要因子,不論任何種類的舞蹈藝術,都是不能缺乏它。探討這想像的意象是非常困難的。因在整個創造過程中,意象是會不斷轉動變化的,甚至有些意象尚未明確化時,是以一種更深層且模糊的「心像」呈現,這是理性思維較薄弱時,直覺增強所產生的心像,它亦涉及到潛意識層面。

　　關於中國「審美意象」的文化範疇無不受其儒家、道家、釋家三家等思想的引領,故藝術的內涵也就自然而然地蘊藏著這三家的思想精華。所以中國舞蹈藝術擁有悠久的歷史根源,講究「虛實相生」、「氣韻生動」、「形神合一」與「中和」的表現,又特別重視「忘」、「妙」、「悟」,然而這些藝術境界的追求,都紮實且深耕在中國舞蹈的藝術內涵中。

　　「意境」亦是探討中國舞蹈審美意象的另一重要論點,「中國藝術是再現的,但它再現的並不是個別的場景、事物、現象,而是再現宇宙自然的普遍規律……是模擬自然又再現自然,在這模擬又再現中強調寓情于景,從而創造出意境。」[2]尤其中國舞蹈更講究意境的形塑,經過長時間的文化積澱與歷史進程,逐漸形成一深厚的理論。如老莊思想中「言外之意」的意境,這有如在中國舞蹈表現中,隱藏在肢體外形中的另一層中要因素,也因為這一層含意,才形塑出中國舞蹈的意境內涵。

　　　《莊子・外物》云:荃者所以在魚,得魚而忘荃;蹄者

　　　所以在兔,得兔而忘蹄;言者所以在意,得意而忘言。[3]

---

[1]　胡經之,《文藝美學》(北京:北京大學出版社,2003),343。
[2]　李澤厚,《華夏美學》(天津:天津社會科學院出版社,2003),50。
[3]　《莊子》(台北:智揚出版社,1993),448。

　　本文意境論是運用王國維的《人間詞話》進行論述與探討，它對於意境的論域寬廣，觀點歧異，見解深刻。在中國現代文論上佔有一定的重要性。其「境界說」更是當中重要的核心理論。舞蹈藝術創作是情感的想像性表現，它是一種內在精神以一種有形體可感的方式呈現。上述關於中國舞蹈藝術內涵、思想範疇以及「境界說」的論述衍生，都將在本文的第二章進行探討，並以筆者多年的實務經驗來深刻討論舞蹈藝術的各種境界層次。

　　舞蹈家袁禾提出：「舞蹈是以人體為物質材料，以動作姿態為語言，在時間的流程中以占有空間的形式來表達思想和情感的符號，簡單地說，舞蹈是一種人體文化，一種情感符號」。[1] 舞蹈以身體動作姿態來代替言語的功能，進行內在思想情感的表達，本質上它並不如語音中心的言語來得明確清楚。舞蹈動作常指涉一種感覺、一個方向或一個範圍，因此本質上是曖昧不清的。但是舞蹈卻常能使人動心喜樂，古文云：「樂者，心之動也。聲音。樂之象也」，[2] 就舞蹈而言，則是「舞者，心之動也。身體，舞之象也」。意指：身體是舞蹈的表現手段與形象塑造，因此，論述中國舞蹈審美意象，就不能不涉及身體文化。

二、舞蹈身體文化的表現藝術

　　「最近幾年，身體文化研究，不止是國際學界競相投入，國內文化界，亦不遑多讓。尤其，自身體社會學興起以來，使得對身體的分析或詮釋，不僅止於醫學或哲學，其他如社會學、政治學、人類學、文學、宗教學、史學、符號學等不同學術領域的多元觀點，多角思維的研究典

---

[1] 袁　禾，《中國舞蹈意象論》（北京：文化藝術出版社，1994），8。

[2] 于　民、孫通海，《中國古典美學舉要》（安徽：安徽教育出版社，2002），173。

範，已隱然成形」。[1]舞蹈身體文化與社會文化的變動是息息相關的，包括當時的文化意識、審美意識、藝術發展、政治思想等，都真切地影響著舞蹈身體文化的轉變。

舞蹈是一種動態的表現藝術，是身體，動作、意識不斷變動、相互作用又融合的現象。但舞蹈的身體，包括動作姿勢與心靈意識是不同於日常生活中的自然反應動作，生活中的動作是對實物情境自然反應的訊號；而舞蹈裡的動作、意識的表現是在虛構的創造下形成的。「舞蹈藝術創作者藉由此形式，自由地、完整地表達他自己內在的情感」。[2]我們可說舞蹈是由一連串的動作、姿勢與意識透過身體的表現。但不能說所有的動作、姿勢都是舞蹈，前者是虛擬的身體表現與日常生活的具實表現應該區分開來。並破除對身體的僵化思維，身體不僅是肌肉、神經、骨骼、血液的生物學或生理學解釋，亦不是較重視意識功能的心理學詮釋，它是無法切割的整體。

就舞蹈而言，動作無法脫離身體而存在，身體無法脫離心靈而存在，每一時刻都是環環相扣的整體。不論那一種類的舞蹈，都是以身體，動作、意識的融合表現為主體，這是舞蹈的同一性，也是將日常生活虛擬的表現在舞台上的多重呈現之一。中國舞蹈身體表現的另一特點，就是情感化的身體，以不顯現的心靈情感主導顯現的身體動作，由虛幻想像引至心靈情感，再引到身體動作的表現。基於上述，舞蹈的身體表現是不同於一般日常生活所論述的身體活動，在本文第三章裡筆者以「部分與整體」、「多重與同一」、「顯現與不顯現」等不同視角切入，探討舞蹈的身體表現，再輔以筆者實際的舞蹈創作經驗與觀點相互論述，試圖

---

[1] 許義雄，〈臺灣身體運動文化之建構－就臺灣身體文化談起〉，《臺灣身體文化研究網站，http://www.bodyculture.org.tw/others/article01.htm》。

[2] 鄭仕一、蕭君玲、鄭幸洵，〈舞蹈藝術創作之現象學詮釋〉，《大專體育學刊》，7.1（2005.3）：13-23。

解析中國舞蹈身體表現的現象。

　　舞蹈隨著歷史文化的進展，舊有的舞蹈形式、內容及精神象徵朝向文化內層而深化，進入了文化積澱的核心層，每一次的深化都如一道道的跡象，成了文化深層的印記。這些跡象是隱藏於深層內在的，而且不斷地被新的文化覆蓋，這就是歷史、文化不斷發展，而其根源不斷向內「隱跡」[1]的現象。「身體作為話語符號，是在歷史、社會、文化中被建構起來的」。[2]所以不論是中國舞蹈或是西方舞蹈都是文化積澱下的藝術成果，舞蹈既是藝術亦為文化產物，它隨著歷史流變而不斷轉化。如荷蘭的現代舞發展關鍵人物漢斯.凡.瑪儂（Hans van manen）他亦認為傳統反應人們與歷史過往的連結，我們無法置外於傳統，必須藉由傳統藝術汲取豐富的養分。[3]

　　中國舞蹈藝術既與傳統歷史、文化有關，並以身體作為表現的媒介，同時又不能與動作、意識分割開來。動作無法脫離身體而存在，身體無法脫離心靈而存在，每一時刻都是環環相扣的整體。那麼對於這一心靈化身體，必須做到整體思維的探究。心靈意識引動著身體而舞，而身體的舞動則是蘊涵著強大的心靈能量，這是由內而外的引動。而這一心靈意識包含著可感的意識層與不可感的潛意識層，某些來自於理性思維的判斷，某些來自於感性思維的引動，更有一大部分來自於主體自身不可感知的能量場，它可能來自於個體的無意識，更可能來自於因種族、社會、文化的歷史積澱，所形成的集體無意識。在本文第四章裡將對這隱匿且複雜身體的文化現象，進行深入的探討。

　　因筆者有多年的教學、表演、創作的經驗，所以在本文的每一章節

---

[1] 「隱跡」意指舊有文化在歷史上留下的跡象，被新的文化跡象覆蓋而成為一種穩匿的狀態，但依舊發生作用的現象。
[2] 周與沉，《身體：思想與修行》（北京：中國社會科學出版社，2005），12。
[3] 《巴伐利亞國家芭蕾舞團－節目冊》（國立中正文化中心，2006）：15。

中，多次運用自身的實務經驗，包括作品實例與理解認知，進行實務與理論的交互運用與印證。對於中國舞蹈的傳承與創新問題，更是深切思考，要創作一個舞蹈作品往往要面面俱到，不論是舞蹈的構思，音樂配置與空間畫面的設計、燈光、服裝、道具與舞台配置，甚至多媒體的應用與跨界的多元整合等，均得有協調、適當的設計與安排。而在當今的舞台藝術上，已經大量運用、融合各種燈光、佈景、道具等，形塑出創作者虛幻想像的藝術世界，有些舞蹈演出甚至直接將演出地點移至戶外，例如廢墟、倉庫、市郊園林、某古建築物的大廳、樓梯間、窗口、陽台等，只要符合創作者心理想像的環境皆可。如此真實環境更強烈地表現了創作者的情境思維。如此複雜多面向，是包含傳統與創新的綜合體，使舞蹈不僅是一種文化，更成為一種藝術。若中國舞蹈的創作必須在傳統的根基上，問題是傳統的根基是什麼？是動作元素？還是文化的意涵？還是敘事性的歷史故事表現？這是值得我們深思的問題。中國舞蹈在歷史時間的進程上，它並不會停止發展，可以說每一次的生發都是傳統的再現，它既不可能完全和傳統一模一樣，亦不可能完全地創新發展，這是文化發展的必然現象。

　　綜合本文對於中國舞蹈審美研究，筆者運用中、西方的理論基礎，並以身體為核心，以意識為縱軸，以動作為橫軸，交互論證、相互詮釋，並不斷地以實證的舞蹈教學、表演、創作的經驗作為例證，同時亦不忽略歷史思想的積澱作用，與當代意識思潮的轉化，在此基礎展開對於中國舞蹈藝術審美的理論與推衍。

第二節　研究內容

　　中國舞蹈的身體是一種動作與心靈意識交互相映、滲透的現象，既是以「身體」作為表現的媒介，藉由「肢體動作」的形象來表現，亦要觀照「心靈意識」的引動。在本文研究中將「身體表現」包括「動作」、「意識」為首要的研究內容，即使某些西方現代舞標榜著無任何情感的單純肢體探索，但這一純動作探討也是有心靈意識的，它需要極高的專注力（集中意識）來完成作品中的每一純粹的肢體動作，不可能有一種舞蹈的身體表現是脫離意識作用而單獨存在的，只能說這一意識作用力所產生的肢體情緒是外放的或是內斂的。

　　研究對象是以中國舞蹈審美的主體，包括了舞蹈作品、編舞者、舞者、製作群（服裝設計、燈光設計、舞台設計、道具設計）、欣賞者（觀眾）等不同的主體為主。舞蹈作品不同於一般藝術作品，從作品表現的視角來看，前三者包括編舞者、舞者、製作群等，他們是相當重要的「審美主體」，作品的完美呈現這三個主體是缺一不可的，但這三者又是獨立不同的個體，其審美角度或許有些差異。所以對於舞蹈作品的創作過程及作品呈現而言，編舞者、舞者、製作群等他們又是互為審美的對象。

　　關於本文研究對象裡各種不同主體的研究，從不同視角切入，創作者與舞者之間的關係，是一種審美關係，互為主、客體的關係。舞者以編舞者的引導、描述、示範並結合自身的想像為審美對象，編舞者以舞者的能力及自身的虛幻想像為審美對象。這一審美關係是複雜多變的，甚至有些作品在表演時會以觀眾為互動對象，將觀眾在欣賞作品時與之互動的反應視為作品的表現內容之一。基於上述，本文研究內容將從舞蹈身體，動作、意識，以及編舞者、舞者、製作群及觀眾等不同的視角切入進行探討。

第三節　研究方法、研究目的、研究限制

一、研究方法

本文採用質性分析的研究方法，以中國舞蹈審美為主要研究核心，並以中國哲學、美學的理論及西方現象學、榮格心理學為主，以中國舞蹈身體表現為研究對象，深切地探究中國舞蹈之美。蒐集相關之著作、論文、期刊等文獻資料作為背景理論的支撐，並依蒐集的資料歸納、分析，進而與自身及其他國內中國舞創作作品做理論與實務的交互應證。在中國美學方面將針對中國舞蹈的審美內涵與意境作一深入的探索，探究關於「虛實相生、氣韻生動、形神合一」的特點；另外，探討「意境」的部分，主要以王國維的《境界說》輔與其他美學論述來探究中國舞蹈之「寫境與造境」、「有我之境與無我之境」及「隔與不隔」之區別。

本研究採跨領域的多元視角，應用各種理論來詮釋及分析中國舞蹈藝術複雜的審美活動。研究中應用了西方現象學理論來解析中國舞蹈審美意象的本質，以羅伯・索科羅斯基（Robert Sokolowski）的論點「部分與整體」、「多重與同一」、「顯現與不顯現」，以及榮格心理學「原型」、「原型心像」、「集體無意識」的論點，試圖探尋中國舞蹈的歷史身體印跡與複雜的審美活動。

本研究大致分為理論與實證兩個方面，將以上述領域的理論來論證推衍，同時亦不忽略在具體實務上的探求。在此部分將收集近年來台灣中國舞蹈藝術作品作為例證，以求得理論與實踐上的周全，舞蹈審美活動既是一種心理學的研究，亦是一種生理學的剖析，心理的種種反應都築基在生理基礎上。因此，採二者兼具的立場來探索中國舞蹈的審美意

象的內涵，跨領域的運用各種理論來詮釋分析複雜的舞蹈審美意象。

二、研究目的

本研究目的朝著理論的深化推衍，試圖結合舞蹈的實證經驗，以期理論與實證的融合，完成下列研究之目的。

（一）探究中國舞蹈審美內涵的特點。

（二）以王國維境界美學探究中國舞蹈的審美意境。

（三）運用現象學理論探究中國舞蹈身體表現之「片段」與「環節」、「多重」呈現與「同一」呈現、「顯現」與「不顯現」之間的相互關係。

（四）探討中國舞蹈審美意象的本質。

（五）探究中國舞蹈文化積澱下的「集體無意識」現象。

三、研究限制

本研究以「中國舞蹈」為主要研究對象，所指之「中國舞蹈」是以在中華文化發展下具有中華文化特色的舞蹈為主要範圍。在理論上，以具有中華文化的文學、美學為基礎，但因無法涉及全部的思想，僅以虛實、氣韻、形神，以及王國維的意境論等來探討舞蹈審美。西方則以現象學理論「片段與環節」、「多重與同一」、「顯現與不顯現」以及榮格「原型」、「集體無意識」等理論為研究基礎。

因時間與能力的限制，本文並無法涉及中國美學、現象學及榮格心理學的全部理論。在舞蹈藝術創作的實證經驗上，除了筆者自身表演、教學、創作經驗之外，亦以台灣知名舞團作品以及國內優秀中國舞蹈創

作者的作品為範例，以期蒐集更豐富、更具代表性的實證觀點，做為結合本研究所推衍的理論。

第四節　名詞解釋

一、中國舞蹈

本研究之中國舞蹈意指在中華民族文化沃土上所形成的舞蹈。根據大紀元文化網所記載：中國舞蹈起源於文字記載以前，從中國西部青海省大通縣孫家寨出土的舞蹈紋彩陶盆觀察，早在紀元前四千年的新石器時代仰韶文化，先民已創造附有樂器伴奏、動作相合、連臂踏歌的集體舞蹈。[1]

中國的第一部詩歌總集《詩經》裡有許多篇錄了二千多年前民舞蹈和宮廷舞蹈的內容和表演方式。在其後的發展中，中國舞蹈經歷了秦漢時代的宮廷女樂大發展和民間舞蹈大興盛、唐王朝的樂藝術高峰、宋代的典雅化走向、元代的融入戲曲和明清戲曲舞蹈表演之成熟，積累了極其優秀的舞蹈文化傳統。[2]

中國舞蹈的型式，在紀元前一千年的商周時期，曾區分為「文舞」與「武舞」兩類。「文舞」的舞者手執旄羽，象徵

---

[1] 大紀元文化網（2005，12月15日）：中國舞蹈簡述。資料引自 http://www.epochtimes.com/b5/1/9/5/c5141.htm。

[2] 大紀元文化網（2005，12月15日）：中國舞蹈藝術。資料引自 http://www.epochtimes.com/b5/2/2/19/c7542.htm。

漁獵收穫後分配的情景，後來逐漸演變成郊廟祭祀等宗教儀式的舞蹈；另一方面，表現大規模隊舞的「武舞」，舞者手執兵器，動作屢進屢退，它卻進化成為後世操兵演陣的雛形。總之，中國人藉著手舞足蹈的動作，表達對天地鬼神的崇敬，演練現實生活的細節，抒發彼此歡暢愉悅的情緒，又兼收自娛娛人的表演效果，這就是中國舞蹈內容的基本因素。[1]

二、審美意象

審美意象包含二個向度，一個是「意」的向度，其中包含深層的無意識層次與表層的意識層次；一個是「象」的向度，意指審美對象，審美對象可分為虛、實二個層次，實的層次代表實質客觀的對象，虛的層次代表主體意識所虛構的內在對象，而虛的層次是審美意象的重要內涵，是組織整個審美意象的動能。審美意象在本質上有著文化性、象徵性、虛擬性與未定性。

三、「集體無意識」(Collective unconsciousness)

榮格說，「我所說的集體無意識，指的就是通過遺傳而塑造成型的心靈氣質」。[2]榮格於 1917 年指出，「集體無意識，作為人類經驗的貯存所，

---

[1] 大紀元文化網（2005，12 月 15 日）：**中國舞蹈簡述**。資料引自 http://www.epochtimes.com/b5/1/9/5/c5141.htm。

[2] 榮格（Carl Gustav Jung）著，《探索心靈奧秘的現代人（Modern man in search of a soul）》（黃奇銘譯）（北京：社會科學文獻出版社，1987），157。

同時又是這一經驗的先天條件，乃是萬古世象的一個意象」。[1]「榮格界定的集體無意識實際上是指有史以來沉澱於人類心靈底層的、普遍共同的人類本能和經驗遺存，這種遺存既包括了生物學意義上的遺傳，也包括了文化歷史上的文明的沉積」。[2]

四、「原型心像」（archetype images）

外在感知觸及了集體無意識的核心「原型」，無意識就向意識層次滲透，開始起著作用，這就形成了所謂的「原型心像」（archetype images）。「原型心像」又稱爲原始意象。「從科學的、因果的角度，原始意象可以被設想爲一種記憶蘊藏，一種印痕或記憶跡象，它來源於同一種經驗的無數過程的凝縮。在這方面它是某些不斷發生的心理體驗的積澱」。[3]

---

[1] 弗雷‧羅恩著，《從佛洛伊德到榮格（英文）》（陳恢欽譯）（中國國際廣播出版社，1989），118-119。

[2] 常若松，《人類心靈的神話－榮格的分析心理學》（台北：貓頭鷹出版社，2000），132。

[3] 李德榮，《榮格性格哲學》（北京：九州出版社，2003），19。

第二章 中國舞蹈審美意境與內涵

第一節 引言

「在中國舞、詩、書法、繪畫、戲曲、雕刻等藝術中處處看到中國藝術精神的意境之美」,[1]「意境」,對於中國舞蹈創作而言,是極為重要的概念。創作者心靈想像的情感,由舞者的身體、動作、姿勢傳達,此心靈想像是將現實世界虛幻化的呈現,但這其中蘊涵著現實世界裡人們的真實情感。若不重視作品虛實相映所營造出的意境形塑,則難以在虛幻化的作品中傳達出一種真誠感動。美學家宗白華先生認為「舞」是最直接、最具體的自然流露,是中國藝術最基本的特徵。

> 人類這種最高的精神活動,藝術境界與哲理境界,是誕生於一個最自由最充沛的深心的自我。這充沛的自我,真力彌滿,萬象在旁,掉臂游行,超脫自在,需要空間,供他活動。於是「舞」是它最直接、最具體的自然流露。「舞」是中國一切藝術境界的典型。中國的書法、畫法都趨向飛舞。莊嚴的建築也有飛檐表現著舞姿。[2]

舞蹈藝術展現著一種與現實世界不同的虛幻時空,「舞」是一種包含著時間與空間錯置性的藝術,「舞,這最高度的韻律、節奏、秩序、理性,

---

[1] 楊　爽,〈論宗白華美學思想〉(東北師範大學碩士學位論文,2005),11。
[2] 宗白華,《宗白華全集第二卷》(林同華主編)(合肥:安徽教育出版社,1994),369。

同時是最高度的生命、旋律、力、熱情，它不僅是一切藝術表現的究竟
狀態，且是宇宙創化過程的象徵」。[1]宗白華認為，藝術的境界並非僅為
平面結構的，而是三度空間的結構形態，包含著深度、高度和闊度：「涵
蓋乾坤是大；隨波逐浪是深；截斷眾流是高」。[2]關於這三度結構的意境
所意指的是，「體悟自然、包攬宇宙萬象的生命本質，是意境的闊度；直
探生命的節奏核心、深入發掘人類心靈的至動情懷，是意境的深度；說
盡人間至理，發他人所不能發之言、狀他人所不能狀之情，便是藝術境
界的高度」。[3]宗白華指出：「藝術家以心靈映射萬象，代山川而立言，他
所表現的是主觀的生命情調與客觀的自然景象交融互滲，成就一個鳶飛
魚躍、活潑玲瓏、淵然而深的靈境；這靈境就是構成藝術之所以為藝術
的"意境"」。[4]

> 在一個藝術表現裡"情和景"交融互滲，因而發掘出最深
> 的情，一層比一層更深的情，同時也透入了最深的"景"，
> 一層比一層更晶瑩的"景"；景中全是情，情具象而為景，
> 因而湧現了一個獨特的宇宙，嶄新的意象，為人類增加了
> 豐富的想像，替世界開闢了新境……這是我的所謂"意
> 境"。[5]

「情景交融」增加並擴大了人們心靈想像的時空，在想像中，虛幻
亦成了真實，這是「意境」之所以迷人之處。在舞蹈藝術中「意境」是
「景」與「情」的融合，「景」，可比喻是舞者身體、動作、姿勢與舞台

---

[1]　宗白華，《宗白華全集第二卷》（林同華主編）（合肥：安徽教育出版社，1994），367。
[2]　宗白華，《美學散步》（上海：人民出版社，1981），88。
[3]　楊　爽，〈論宗白華美學思想〉（東北師範大學碩士學位論文，2005），9。
[4]　宗白華，《美學與意境》（北京：人民出版社，1987），210。
[5]　宗白華，《美學與意境》（北京：人民出版社，1987），211。

空間、音樂、燈光、佈景、道具等所織構成的「景」;「情」,並不透過文字表現,亦不藉由語言敘述,「情」,是蘊涵在「景」之中的,表象的「景」引發了更深邃的「情」。所以,在舞蹈藝術中「情」與「景」在本質上已有一定程度的交融互滲,但過多的、矯情的「情」則會造成「情」與「景」的分離;相同地,過份誇張、過多的「景」,也會因過分的突顯某一方而使得作品之「情」與「景」分離,無法相得益彰。因此,舞蹈藝術創作的困難就在於能適當的掌握與否。

　　「情」和「景」的交融互滲是舞蹈藝術創作者的努力目標,在交融互滲的過程中可以播撒出創作者內心深處的藝術思維,「情」和「景」交融互滲的恰到好處是「意境」生發的關鍵。令人觀賞後能不斷思想的舞蹈是將形式給隱退了,留下了隱喻的「意境」,因此,欣賞者內心感動、不斷回響,融情於景而達至藝術作品的深度,這是超越形式的藝術表現。舞者對於身體、動作、姿勢的「由外而內再由內而外」[1]的轉化過程,是作品形塑「意境」的重要歷程。舞者由起初的模倣,再將模倣學習與自我身體特性作一融合,這是由外而內的過程。最後在不自覺當中舞蹈動作已自然的流露於身體舞姿當中,達到渾然自在的程度,這是「由外而內」再「由內而外」的洗鍊過程,最後達到「忘」的境界。此時的「忘」即是一種「忘我」的境界,忘掉一切形式,而氣韻留住了,形成了境界。這是將舞蹈技術表現提昇至舞蹈藝術的表現,外在的動作、姿勢完全地融入於心靈情感,藉由呼吸與節奏形成了「氣韻」,這過程經驗似乎是一種難以言傳的概念。西方的美學家蘇珊・朗格也提出一些相關的論述:

　　一個舞蹈表現的是一種概念(conception),是標示感

---

[1] 舞者對於自我的身體、動作、姿勢由技術轉為藝術層次的重要過程,這是「由外而內」再「由內而外」的洗鍊過程,最後達到「忘」的境界的過程。

情、情緒和其他主觀經驗的產生和消失過程的概念，是
標示主觀感情產生和發展的概念，是再現我們內心生活
的統一性、個別性和複雜性的概念。我所說的「內心生
活」，是指一個人對其自身歷史發展的內心寫照，是他對
世界生活形式的內在感受。這一類經驗通常只能被我們
模糊地意識到，因為它的組成成分大部分都是不可名狀
的。[1]

　　中國舞的表現常是由內在心靈情感扮演著主導的地位，而引至外在
的形體，形成中國舞的氣韻生動與形神合一的特點，這與西方某些後現
代舞蹈所強調的「動作就是動作，而不須肩負說故事或抒發情感的責任」
[2]有些不同。中國舞蹈內在心靈之「情」與外在身形之「景」，在舞蹈藝
術中實為一體。「心理必須表現於形式之中，而形式必須是心理的節奏，
就同大宇宙的秩序定律與生命之流動演進不相違背，而同為一體一樣」。
[3]心靈情感所生發之「氣」、「韻」與外在形體融合一體，即是中國舞蹈所
追求的藝術境，但欲達此境界不是容易的。

　　關於境界，宗白華將境界分為六個部分，其中的第六境界是則是藝
術境界。

　　　　一是為滿足人生理的物質需要而形成的功利境界；
　　　　二是因人群共存互愛的關係而形成的倫理境界；
　　　　三是因人群組合互制的關係而形成的政治境界；

[1] 朱立人主編，《舞蹈美學》（台北：洪葉文化出版，1994），252。（蘇珊・朗格（Susann K. Langer）著，《藝術問題》之〈動態形象〉）。
[2] 李立亨，《我的看舞隨身書》（台北：天下遠見出版社，2000），75。
[3] 宗白華，《美學與意境》（北京：人民出版社，1987），109。

四是因窮研物理、追求智慧而形成的學術境界；

五是因欲返本歸真、冥合天人而形成的宗教境界；

第六種則是以具體的宇宙人生為對象，鑒賞其狀貌、秩
序、節奏，借以窺見自我的心靈，化實景而為虛境，創
形象以為象徵，這就是藝術的境界。[1]

　　目前台灣的舞蹈生態，中國舞蹈作品往往被定位在「賞心悅目」與
「通俗」的娛樂層次，對創作者而言，努力地提昇作品的藝術境界是重
要的，這一蘊涵著豐富文化積澱的舞蹈是蘊藏於文化深處的，其藝術生
命有待創作者用心的領悟與深耕。「人類最初創造舞蹈，並非供他人欣賞
娛樂，而是為了宣洩自身的感情，並與他人交流思想情感而形成的肢體
語言」，[2]喜怒哀愁、樂靜自在，是人類的情感表現，不論在那一個朝代
總是不斷地上演著，亦為人們面對大自然、社會群體的態度反應。舞蹈
可以說是人們表現這些情感的一種符號訊息，故在中國每一個朝代，舞
蹈是人們抒發情感的表現，它是一種人體的動態活動，不斷演變成的動
態文化藝術。舞蹈也象徵著每一朝代的興盛衰微，並蘊涵著每一時代的
審美意象。而中國舞蹈特別重視「美」的表現，「中國的舞蹈在很早以前
其形式美就發展到了一定的高度，並形成了自己的風格特徵，例如以目
傳情、以輕見長、以妙取勝」。[3]

　　舞蹈藝術創作者必須與自然生活、社會生活緊密地結合一起，並從
中用心覺察，以作為舞蹈創作的題材，而中國舞蹈歷史的原始性、文化
性亦是創作者體察的對象之一，這是生活體驗與藝術創作的互動關係。

---

[1] 周成平，〈論宗白華的美學思想〉，《青海師專學報》，4（2004）：5-9。

[2] 王克芬，〈中國宮廷舞蹈發展的歷史軌跡及其深遠影響〉，《北京舞蹈學院學報》，
　（2004.03），15-24。

[3] 袁　禾，《中國舞蹈意象論》（北京：文化藝術出版社，1994），109-112。

宗白華認爲；「作家和藝術家必須與社會生活和自然生活保持緊密的聯繫，提高自己對於外界生活的感悟能力，而這種感悟恰恰是激發作家和藝術家進入創造過程的重要的藝術心理機制」。[1]藝術創作對於藝術家而言或許來自於一種莫名的心靈能量，以筆者自身經驗，當筆者接觸到當代任何的事物，總是習以爲常地以「舞蹈」的觀點切入來看待這些事物，進而激發了內心莫名的情感與創作的心靈能量。「藝術家的心中有一種黑暗的、不可思議的藝術衝動，將這些藝術衝動憑借物質表現出來，就成了一個優美完備的合理想的藝術品」。[2]舞蹈藝術又與其他藝術有所不同，舞蹈藝術作品的呈現也是築基於一群有著內在衝動的舞者們的身體，舞蹈本質上是一股內在衝動的表現，喜歡舞蹈的舞者，總是莫名地願意接受極度辛苦的磨練過程，接受著極低報酬回饋的排練過程，爲的是滿足內在心靈能量透過舞蹈而釋放的欣喜感。因此，舞蹈藝術作品代表的不僅是創作者的內在衝動，更引動著舞者們的內在情感的釋放。

　　「人們爲了自身生理和心理的需要而舞蹈，原始舞蹈的特質之一－自娛性；所有氏族成員，在同一節奏中踏舞歡歌，形成一股強大的吸引力、凝聚力，是人們緊密團結，生死與共，共求生存、求發展精神的體現。原始舞蹈的另一特質－群體性」。[3]許許多多的遠古遺跡保留給後代推測當時的景象，例如古老的岩石壁畫保留了舞蹈的許多形象，後人透過這些形象，進入古老文化的想像時空中，進行提煉並重新摸擬；或透過歷史脈絡的探尋，將這古老的傳說或背景精神意涵給保存或增強了，讓原始舞蹈更體現出本質的意義。「原始舞蹈的最初表現只能是人體，其內容與形式都直接或間接地與勞動相關聯」，[4]當然這些舞蹈在現今都不

---

[1]　周成平，〈論宗白華的美學思想〉，《青海師專學報》，4（2004）：5-9。

[2]　宗白華，《美學與意境》（北京：人民出版社，1987），33。

[3]　王克芬，《中國舞蹈發展史》（上海：上海人民出版社，2004），23。

[4]　王衛東，〈中國漢族舞蹈發展脈絡概述〉，《玉溪師範學院學報》，17.5（2001）：74-77。

可能原風原貌地呈現。在台灣也有許多的舞蹈團體為探索更接近心靈本質的肢體活動，經常設計一些接觸大自然的勞動訓練，透過較原始的生活型態，發覺人性最深處的原始動能，藉此，尋找更真誠的自然身體動作能量。由此可見，人類的歷史在經過了長時間發展，舞蹈不斷地昇華改變，但最原始的身體本質動能，卻也被覆蓋積澱，它只是被文明的轉化而一再的被覆蓋隱藏。當今台灣舞蹈創作的風格，有不少藝術創作者尋求此種被覆蓋的隱匿本質、不斷的碰觸並試圖突破人體習慣性的侷限。最後肢體所流露出的是一種最自然的、最真實的、最純真的、不特別裝飾的樸實，這總是令人憾動。

「中國舞蹈的歷史頗為悠久。原始人類在生產活動中發現了舞蹈的樂趣和作用，走過了從娛神到娛人的曲折道路，為後世音樂、舞蹈、體育和其他娛樂性活動奠定了深厚的基礎」。[1]原始舞蹈的意象，總是比較少有「美」的成份，較多的是與生存相關聯的意象，舞蹈是人們生存的一部分。此時的舞蹈雖談不上藝術性，但原始舞蹈的純真意象卻是人性無法丟棄的本質，觀看現今台灣的舞團「無垢舞蹈劇場」，擅長用人類最原始的本能，如爭奪、生殖的、較動物性的動能來呈現最原始、深沉的本質性。但這往往就是人類積澱的集體無意識的生存通性，也是最能觸動的心靈橋樑。舞者們努力地不斷練習，努力地去除虛偽做作的表演方式，將情感與身體動作完美地融合在一起，這是人性本真的藝術呈現。

在現代科技、經濟、政治高度發展的時代，此種純然本真的身體表現實屬不易，欣賞舞蹈藝術成了人們不僅是娛樂的活動，更是高度的精神與心靈的活動。舞蹈藝術的「意境」形塑總抒發著人們內心深處的情感，這是創作者與舞者交織而成的一種超乎現實世界的想像，這種形式與情感所形塑出的「意境」，往往更能填補著人們現實生活中不可實現之

---

[1] 卞　晨，〈中國早期舞蹈談略〉，《揚州教育學院學報》，20.2（2002.6）：39-41。

情感，播撒出更強大的能量。

關於藝術創作，美學家宗白華先生認為：

> 藝術的源泉是一種強烈深濃的，不可遏止的情緒，挾著
> 超越尋常的想像能力。這種由人性最深處發生的情感，
> 刺激著他直覺到普通理性所不能概括的境界，在這一剎
> 那傾間產生的許多複雜的感想情緒的聯絡組織，便成了
> 一個藝術創造的基礎。[1]

「意境的審美本質藏在意境自身之中，而意境的謎底就在於尋求作為過程的人生的意義和作為永恒的宇宙根據。這一結合是基於人生哲思的衝動，………創造意境的過程就是一種由形入神，由物會心，由景至境，由情至靈，由物至天，由天而悟的心靈感悟和生命超越過程，這是一個變有限為無限、化瞬間為永恒、化實景為虛境的過程，一個個人心靈與人類歷史溝通的過程」[2]。化實景為虛境，這就涉及了藝術想像與情景交融的關係，關於藝術想像及情景交融關係，李澤厚先生認為：

> 「想像的真實」，雖然脫離具體的感知，卻又仍然是現實
> 生活的感受和人間世事的感情。從而，所謂「情主景從」，
> 便正因為是在這種情感支配下的想像，它們隨著時代、
> 環境、個性的不同而各有不同，才賦予那並無確定性的
> 風花雪月以更為個性化的具體感受，從而具有很大的包

---

[1] 宗白華，《美學與意境》（北京：人民出版社，1987），20。
[2] 胡經之，《文藝美學》（北京大學出版社，2003），266。

容性、變易性和普遍性。[1]

重「想像的真實」大於「感知的真實」，不是輕視理性的
認識因素，恰好相反，正因為理解（認識）在暗中起著
基礎作用，所以，虛擬才不覺其假，暗示即許可為真。
因有理解作底子，想像才可以這樣自由而不必依靠知
覺。同時，理解（認識）也才不需要直接顯露，甚至常
常匿而不見，理（知）性因素已經完全融於想像中去了。
[2]

　　「情主景從」是中國舞蹈的本質意涵，與西方舞蹈不同。某些西方
舞蹈擅長以理性意識控制著身體動作表現，「情主景從」是一種由內引外
的藝術表現，是以「情」為主的藝術表現。因此，相對於理性意識而言，
中國舞蹈往往因「情」而降低了理性思維的控制力，或可說這是一種「因
情而醉」的藝術表現。「醉」往往才能表現「象外之象」、「言外之言」的
隱喻。「醉」，也是中國舞蹈創作者在創作過程中需要的心理現象，因為
創作本身並不完全是「理性思維」下的產物，「藝術創造的能力，乃是根
於天成，雖能受理性學識的指導與擴充，但不是專由學術所能造成或完
滿的」，[3]關於「醉」與「醒」，宗白華先生認為這是藝術創作思維的兩翼，
從舞蹈藝術而言，就是說藝術創作與舞者表現都是在「既 "醉" 既
"醒"」的現象，或說舞者的表現是「醉」多於「醒」，或「寧醉勿醒」
的現象，「醉」方能使「情」湧現而播撒，進而帶出作品的「意境」。
　　基於上述，「意境」是中國舞蹈重要的審美範疇，以下將針對中國舞

---

[1] 李澤厚，《華夏美學》（天津：天津社會科學院出版社，2001），247。
[2] 李澤厚，《華夏美學》（天津：天津社會科學院出版社，2001），248。
[3] 宗白華，《美學與意境》（北京：人民出版社，1987），20。

蹈的審美內涵與意境作一深入的探索，在中國舞蹈的審美內涵部分將探究關於「虛實相生、氣韻生動、形神勁律」的特點；另外，在「意境」的部分，將以王國維的《境界說》及其他美學論述來探究中國舞蹈之「寫境與造境」、「有我之境與無我之境」及意境之「隔與不隔」。

第二節 中國舞蹈的審美內涵

　　中國舞蹈藝術講究意境的形塑，並重視「虛實相生、氣韻生動、形神勁律」的特點，而這特點爲的就是「形塑藝術境界」，這些特點也形成了中國舞蹈形塑意境的重要內涵，其內涵亦蘊藏著豐富的審美情感，正如《阮籍集・樂論》所云：「歌以敘志，舞以宣情」。[1]舞蹈表現了言語無法道盡的情感內涵，它有著極大的曖昧性，所以有著極大的想像空間與創作空間，「舞蹈從其創作到接受，一直是伴隨著情感體驗的」，[2]現今有許多的舞蹈創作者，試圖從史料記載重新發掘一些文化題材，以這些題材來進行創作，這無非都得伴隨著情感想像，或是創造美的意象。即使在遠古時代的原始舞蹈也是充滿著情感想像的，原始時代人們面臨著生存的壓力，面對大自然的威脅，人們往往透過情感想像來慰藉心靈，更透過舞蹈來進行神秘想像的溝通。「舞蹈作爲所有藝術門類中最古老的藝術，本身就包孕著最久遠、最神秘的內在意蘊，那直接由人體的伸縮、旋動、扭擰、騰躍所造成的情感表現，直截了當和強烈衝擊力」，[3]形成與其他藝術完全不同的特點與藝術生命。「舞是中國一切藝術境界的典型；是宇宙創化過程的象徵」，[4]中國舞蹈由於中國天人的哲思，更在歷史發展的過程與大自然緊密的聯結，要求天人合一的舞蹈境界表現即是一例。

　　境界意義是渾沌性的，其內涵就是不斷「差異化」，正是意義無法全部彰顯開來，而形成一種渾沌性的意向時空[5]，「時間延續性」與「空

[1]　袁　禾，《中國舞蹈意象論》（北京：文化藝術出版社，1994），98。
[2]　袁　禾，《中國舞蹈意象論》（北京：文化藝術出版社，1994），99。
[3]　袁　禾，《中國舞蹈意象論》（北京：文化藝術出版社，1994），1。
[4]　宗白華，《美學散步》（上海：上海人民出版社，1981）。
[5]　"意向空間"，指由意識感知所形成或創造出來的具有方向性的意識想像，這一意識

間差異性」創造了無限的想像，故境界得以被自由的形塑。不論是所謂的「寫境」或「造境」，「有我之境」或「無我之境」都是境界一詞所刻劃的跡象。接下來筆者將探究幾個關乎於「審美內涵」的議題，包括「虛實相生」、「氣韻生動」及「形神互融」等。

一、虛實相生

「藝術的虛實統一、虛實相生如果從物我的關係上看，應該是感性形象為實，主體情感為虛。藝術所表現的，並不只是甚至主要不是山川草木造化自然的實境，而是因心造境，以手運心的虛境，通過虛而為實，便構成了審美的境界」[1]，「中國有一傳統的說法，即藝術必須言有盡而意無窮，必須形神兼備。聯繫到虛與實的關係，可以說那有盡就是實，那無窮的意就是虛。………藝術中既不能沒有實，也不能沒有虛」[2]。宗白華認為：

> 藝術家創造的形象是「實」，引起我們的想像是「虛」，
> 由形象產生的意象境界就是虛實的結合。一個藝術品，
> 沒有欣賞者的想像力的活躍，是死的，沒有生命，一張
> 畫可使你神游，神游就是「虛」。[3]

藝術作品透過虛與實的統一，藝術之「意境」方能有效地被表述。虛、實的概念在中國舞蹈創作的呈現上是豐富多變的，例如一長布幔

想像形塑出一獨特的時空。
[1] 朱志榮，《中國藝術哲學》（東北師範大學出版社，1998），101。
[2] 杜書瀛，《文藝美學原理》（北京：社會科學文獻出版社1998），98-99。
[3] 宗白華，《宗白華全集第三卷》（林同華主編）（合肥：安徽教育出版社，1994），454。

可以在舞蹈創作的虛構下成了「河流」，一個道具、佈景可強化舞台空間上的層次感，而被形塑成對應的象徵物，這些現實物質的虛擬化應用，對於整個舞蹈藝術所要傳達的意境，賦予了一種由現實物質轉化而來的「虛擬空間」，它與舞者的身體、動作、姿勢相應而表現一個創作者心中的「虛幻結構」，更重要的在於此「虛幻結構」傳達出的情感，它來自於一種直接的、自然的又不同於現實生活的藝術張力。對於這些舞台裝置的虛擬化是容易的，困難的是舞者身體技巧與形式的轉化。雖然身體動作、姿勢是舞蹈依存的對象，但將身體技巧與形式忘掉，身體才能有更大的變化空間，才真正能形塑出舞蹈藝術的「境界」。所謂「忘」意指舞蹈表演者將自我身體動作、姿勢精煉至「成熟而忘」的程度，如此內在的情感方能成為主導，引動身體而舞蹈。這有如朱銘所言：

> 縱手放意，無心而得，所謂「縱手」，就是雙手在技巧成熟之後，縱放而游刃於技巧之外，擺開形式的駕馭，應運而變。[1]

這種對舞蹈身體動作、姿勢的「忘」，是一項極為困難的任務。一個好的舞蹈作品，舞者能否「忘我」，「忘」了自我的身體、動作、姿勢，但在忘之前必須先記住，經由不斷訓練過程中記住創作者的引導，肢體的運用，動作的流程，音樂的節奏，與他人的互動。種種形式的「深刻記憶」後才能談「忘」，「忘」即是一種「虛靜」之功夫，舞者透過某種「虛靜」的程度將理性思維的控制力降低，而達致另一種精熟的感性表現，因為「"虛靜"中的知覺活動是感性的，同時也是超感性的」。[2] 關

---

[1] 潘　煊，《種活藝術的種子－朱銘美學觀》（台北：天下遠見出版，2005），93。

[2] 徐復觀，《中國藝術精神》（華東師範大學出版社，2001），50

於「忘」，在莊子的《人間世》中言：

> 若一志！無聽之以耳，而聽之以心，無聽之以心，而聽
> 之以氣。聽止於耳，心止於符，氣也者，虛而待物者也。
> 唯道集虛。虛者，心齋也[1]。莊子《大宗師》：墮肢體，
> 黜聰明，離形去知，同於大通，此謂"坐忘"[2]。

因此，由虛實相生而言，創作者對於訓練舞者「忘掉」自我是一項重要的工作。「忘」的舞蹈身體、動作、姿勢，就如同虛化了的身體。實際的形體成了虛化，虛的精神意涵成為實際的主導體。「虛化」帶出了「實境」，這也才是舞蹈藝術真正的「虛實相生」。藝術大師朱銘這樣說：

> 「不必想」維持住創作的單純性，因為它直截了當；「不
> 可想」，則堅守了創作的嚴肅性，因為它不變質。這便是
> 我所體認到的藝術創作的真理。[3]

> 在創作上，如果只在技術的路上繞，以為這就是藝術了，
> 那麼還有什麼藝術的需求？開創的可能性沒有了，天賜
> 的寶貝（大腦）當然也就用不上了。[4]

創作者關注其作品的呈現形式，在運用虛實的互映下創造出舞蹈作品境界，筆者於 2004 年所創作之《香讚》（如圖 2-1）中的動作設計就依循著「信仰與祈禱」而創作，動作充滿著沉迷、祈求、肅穆、自在的特

---

[1] 《莊子》（台北：智揚出版社，1993），71。
[2] 《莊子》（台北：智揚出版社，1993），130。
[3] 潘　煊，《種活藝術的種子－朱銘美學觀》（台北：天下遠見出版，2005），4。
[4] 潘　煊，《種活藝術的種子－朱銘美學觀》（台北：天下遠見出版，2005），101。

點。《香讚》則是保存與擷取敦煌舞蹈的動作元素，表現現今臺灣人民的
宗教情感，這是更接近生活的結合，這亦是「虛與實」的運用。「實者，
就事敷陳，不假造作，有根有據之謂也；虛者，空中樓閣，隨意構成，
無影無形之謂也」。[1] 上述例子中的「實」是敦煌的基本形體元素，是傳
統不變的三道彎體態；「虛」則是精神性的，是人們在生活上對宗教情感
的寄情，是接近生活的，是自然的，多變的。

圖 2-1 蕭君玲 2003 作品《香讚》（舞躍大地－福爾摩莎首獎）
攝影：李明訓

---

[1] 李漁，《閒情偶寄・結構第一》（臺北：明文書局，2002）。

戲曲美學家李漁說:「"虛"可以隨意構成,可以幻生,可如空中樓閣,無影無形等等。這裡所謂的幻生,不過是說作者可以進行藝術虛構而已。而虛構的事物,必須既出尋常視聽之外,又在人情物理之中」。[1]因此,作者進行藝術虛構,也還是從現實生活出發,以生活的自身邏輯為前提,試圖在舞台上營造虛、實的幻境使其產生異時同空之感,這亦是創作上的一種虛實表現。就李漁的閑情偶記「審虛實」而言,舞蹈藝術創作在核心情感上應表現著現實世界如實的現象,筆者2004年作品《落櫻》(如圖2-2),借助燈光的投射,製造沉重壓抑的舞台效果,虛幻的燈光運用與舞者刻意形塑的「緊」、「勁」質地,表現著現實世界如實的現象,形成了虛實相映的情境。

圖2-2 蕭君玲2004作品《落櫻》
攝影:黃浩良

---

[1] 杜書瀛,《李漁美學思想研究》(北京:中國社會科學出版社,1998),28。

　「虛實」的表現是中國舞蹈藝術創作一重要的內涵。水袖即是中國舞常運用表現的型態之一，因中國的藝術表現本身就蘊涵詩意，水袖的表現特徵是較具「寫意性」的。水袖的流暢、飄逸、柔美、灑脫的特性，非常適合表現舞蹈藝術的意境和詩性之情。水袖的柔、軟、飄、韌的「寫意」特性，善於表現舞蹈藝術的「抒情性」，如哀怨之美、激昂之美，（如圖 2-3）台灣舞蹈家蔡麗華教授以水袖所創作的《仕女圖》，是台灣水袖舞的經典之作。

　圖 2-3 蔡麗華作品《仕女圖》
　攝影：李明訓

舞蹈家于平亦指出：水袖善於表現舞蹈中所蘊含的情感和情緒：

> 寫意多於寫實中的「意」與「實」的關係是「虛、實、
> 主、次」的關係。經過嚴謹規範的構思，用「虛」的現
> 象來表現「實」的本質。以抒情來敘事，而不僅僅是在
> 舞台上講述一個完整的故事。水袖善於會意的特點來表
> 現舞蹈中所蘊含的情感和情緒。使「意」與「實」互為
> 補充、互為印證。[1]

中國舞運用虛實相映的另一實例，筆者 2005 年的作品《姹紫・嫣紅》（如圖 2-4）運用多媒體的效果將真實在舞台上的舞者與天幕上的幻影對舞，造成虛實交互作用之境，這是以視覺效果所呈現的虛實、以及異時同空之境。在這支舞的第二段創作中，在前世記憶引領作用下，一種如夢幻般的情境浮現在眼前，此時群舞手持牡丹花在紫色氛圍的情韻中緩緩而舞，表現幻畫般的情愛詩境，女舞者與投射在天幕上男舞者的身影互動共舞，虛實相應，表現著前世今生之虛幻與真實之意境。

---

[1] 于　平選編，唐滿城著，《中國古典舞身韻的形神勁律-中國舞蹈教學》（北京：北京舞蹈學院，1998），141。

photo/ 黃浩良 Mail:wodger@ms54.hinet.net

圖 2-4 蕭君玲 2005 作品《姹紫・嫣紅》
攝影：黃浩良

　　由另外一個視角來看，編舞者與舞者的關係也是虛實互映的，編舞者與舞者是舞蹈藝術編創中的重要角色，舞蹈編創是一個難度極高的群體溝通工作，編舞者的創作意圖即是虛幻的意象，不僅需透過語言來溝通，更需透過肢體動作來傳達予舞者。舞者依自身的專業經驗試圖理解編舞者的創作意圖與核心情感，再藉由舞者的肢體動作表現出來，這一切的溝通過程，編舞者的傳達與舞者的領悟之間，這一來一往有如虛實的互映關係。筆者在 2006 年為台北民族舞團年度公演「拈花」編創的第三幕《幻境》（如圖 2-5）時，曾與舞者在進行溝通時所引導的一段敘述：

　　我提問：「萬法唯心造！幻境作品要表現的是佛？是人？還
　　是魔」？舞者靜靜地看著我！我回答：不是佛、不是人、

也不是魔！因為這些都是心中的顯現而已！萬物皆虛幻，因為虛幻所以千變萬化，這是《幻境》的深層意涵，也是各位要用變化的身體所表現的意境，當然這是困難的。幻境，製造幻象，再以幻象破除我相、一切相。不論是作品中的五毒蛇女、或金剛舞都是修行者心中的流現，都只是幻境中的一剎那。各種幻相正深入修行者（為仁）的內心，以各種不同形象在他心中重生，所以眼前所看到的慈悲、智慧等佛性的顯現，或看到五毒蛇女的顯現以及象徵破除一切相的金剛舞。一旦體認到自我之性無法被摧毀，一切相反而皆被摧毀了，一切相皆成了幻境，再也不沾粘於「心性」了。所以舞者們的五毒蛇女與金剛舞都是用「實」的身體表現著修行者心中「虛」的幻相。[1]

圖 2-5 蕭君玲 2006 作品《幻境》
攝影：李明訓

---

[1] 蕭君玲，2006 編創作品《幻境》，於排練時對舞者的一段敘述筆記。

　　筆者關於「禪意」的體會，試圖以舞劇中的第三幕《幻境》的創作來呈現。由於是以身體動作進行對「禪意」的詮釋，而這樣的詮釋又以舞蹈的形態來進行，使筆者領悟到其「禪」是在不斷變動的場域中，令人難以捉摸、定位、體悟。因此，「禪」本質上即是「舞動」的，筆者以「舞」來進行一連串「禪」的詮釋，這是直觀的舞動，是非經驗意識的舞動，是真情感悟的「舞」。「身體、動作、意識」在「禪之空無」的場域中，創作者試圖繪出一種創新思維的民族舞蹈藝術，試圖讓作品的藝術本性顯露出來，不以過份矯情的動作、姿勢、表情來詮釋。透過純然、直觀的張力表現，令作品自身來進行詮釋，同時亦期待觀眾以一種「空無」視角切入，懸置原有的預設立場，讓自我心靈無遮蔽地置入作品，進而感悟作品，如此，由「禪之空無」來體驗舞蹈作品。就如筆者在《拈花》的節目冊中的表述：

　　　　仕一問我：「什麼是禪」？

　　　　我說：「能自由進出」、「無有定法」、「舞動的當下」

　　　　仕一說：「遊戲」、「專注」、「忘記」

　　　　　　「禪」究竟在何處？在動與靜之間？在虛與實之間？在記憶與遺忘之間？在作品與觀眾之間？在「舞」與「非舞」之間？在生與滅之間……？

　　　　　　「禪」與「舞」對我來說，是「幻境」，唯此「幻境」總是生發著真切的作用。是外境引動著心靈，也是心靈幻化著外境。慈悲與智慧是幻境；淨相與怒相是幻生；五毒業力是幻化；生起著、又滅了！在變動之間，禪意到了，化為舞動之身體！

　　　　　　「禪」既不立文字，亦不能言，那又何嘗能「**舞**」呢？

對我來說「舞」正是不立文字、不言說的「禪境」！心靈情感的感悟，不言不語，只「舞」！舞動出對虛幻之境的憾動；舞動出對悠悠自在的探尋。

此次拈花第三幕的編作，藉由刻意的形象塑造，以「緊、勁、沉」的動作質地，企圖營造一股無明的氛圍。是佛、是魔、是人，全是心中的顯現。貪瞋痴慢疑五毒，纏結著「身心靈」，慈悲與智慧的融合，幻化出金剛般的威攝能量，五毒、慈悲、智慧皆被化為「空無」，一切僅留存著持續變異的「當下」。

實相非相，幻境亦幻非幻。觀舞之後，或許空無一思，或許頗有感悟，或許百思不解，或許另有想像的時空。期待以一種「空無」視角切入，懸置原有的預設立場，無遮蔽地置入作品，進而感悟作品。由幻相中的「空無」體悟「妙有」的真切作用。[1]

「禪」既不立文字，亦不能言，那又何嘗能「舞」呢？這是一個相當困難的溝通工作，就在編舞者的傳達與舞者的理解與領悟之間，虛實的互映關係成就了這互動的橋樑。但在執行溝通當中亦往往容易產生誤解，因此，偏誤式的領悟常在此間發生，這一偏誤式的領悟有可能違反了編舞者的理念，亦有可能補足了編舞者構思之不足。這種情形不只出現在舞蹈創作上，各個藝術領域都是相同的。在台灣國家劇院上演的崑劇青春版《牡丹亭》，其舞台設計師林克華先生曾表示因為國家劇院裝台的時間限制與溝通執行上的誤差，舞台部分場景都必須簡化，但最後演出時反而效果比原先設計的更好，這亦是藝術創作常會發生的現象。所

---

[1] 《拈花節目冊》（台北民族舞團，2006）。

以創作者在執行時所產生的虛實互映，這一顯一隱的作用往往是成就藝術作品的最佳橋樑。

> 著名美學家宗白華先生認為意境有三境：第一境是「直觀感相的模寫」；第二境是「活躍生命的傳達」；第三境是「最高靈境的啟示」。意境的三層次構成一個完整的審美過程。這是一個「由實向虛」的審美深化過程，即由生命的外在樣態審美境界進而達於體驗生命內蘊的「**審美虛境**」，最終達到自然宇宙精神合一的審美妙境。[1]

「由實向虛」的審美深化過程，在一個創作作品中對舞者的訓練而言，是極為困難的任務，要讓舞者體驗一種「虛境」，並將此「虛境」的情感透過身體動作表現出來，同時又要求舞者將形式化的身體動作、姿勢給「忘掉」或「虛化」，這是一個多麼困難的過程。所以，舞蹈創作者經常多次重覆地操作著同一套舞蹈動作，要求舞者作到「精熟而忘」的程度，因「精熟而忘」才能將「虛境」中的情感自然的引動出來。

二、氣韻生動

「"氣韻生動"由南齊的謝赫首先用以論畫，唐代張彥遠畫論中加以繼承，至明代古應麟則以詩論，直至清代王士禎藉以提出"神韻說"」，[2]「"氣韻"範疇是中國美學中最有代表性的範疇之一，它的哲學基礎是中國古代哲學的氣本體論，以氣作為宇宙萬物和生命的本源，

---

[1] 齊海英，〈"氣"—中國古代美學的元範疇〉，《社會科學輯刊》，3（2004），171-173。
[2] 朴相泳，〈略論"氣韻生動"及其美學意義〉，《理論學刊》，4（2005.04）：123-125。

是中國傳統文化對宇宙、人生和藝術的基本觀念」。[1]中國舞蹈在現今被視爲一種身體藝術表現，因此在創作上對於形體、動作、姿態的掌握必須能做到「氣韻」綿綿的境地，所謂「綿綿」是指在觀賞舞蹈作品之後，引發不斷地迴響，或在心靈情感上有著一絲綿綿若存的感動，也就是對於舞蹈外在形體的感知已經模糊了，而對於舞蹈所蘊涵的「氣韻」則綿綿不息。舞蹈藝術綿綿不息的氣韻，是自身對「氣」的積澱與運用，進而與外在形體、外在世界的互動，在此關係中獲致的高度和諧，「傳統氣化宇宙觀認爲，天地萬物都是由陰陽二氣化生而成，都是一種積氣。而陰陽二氣的生生不已，便織成了生命的節奏。整個生命的內在機能，都是由節奏維持的。人的生命的內在節奏，與宇宙的外在節奏，是契合一致的」。[2]在舞蹈創作或身體表現中的「氣韻」是一種身體經驗，而此身體經驗又與一般言詞表述有著一定程度的差異，也就是說這種「氣韻表現」是難以論述的。在這樣的身體經驗中，「想像力和知性這兩種機能的關係，基本上處於不和諧的狀態。……在這個不和諧的狀態裡面，似乎有一種跡象不明的可能和諧狀態，做爲不確切境界的更高程度的和諧」。[3]也就是在這一不和諧狀態中所創造出的另一層次的高度和諧，舞蹈藝術才能成爲藝術作品而展演，才能創造出意境之美而引發心靈回響。

對於以身體技能爲表現的舞蹈藝術而言，「"氣韻"在整個技能藝術表現的過程中，是此藝術的生命靈體。技能藝術表現中，應"氣"中有"韻"，"韻"中有"氣"，二者相輔相成」，[4]中國舞蹈創作要

---

[1] 王慶衛，〈從"氣韻"看中國古典美學的詩性思維特點〉，《長安大學學報》，6.2（2004.06）：68-72。

[2] 朱志榮，《中國藝術哲學》（東北師範大學出版社，1998），104。

[3] 龔卓軍，《身體部署－梅洛龐蒂與現象學之後》（台北：心靈工坊，2006），11-12。

[4] 鄭仕一，《中國武術審美哲學－現象學詮釋》（台北：文史哲出版社，2006），102。

求「氣韻生動」的表現，主要在於超越有限形體的侷限，從有限的形體引向無限的心靈世界。「在藝術生命的整體中，韻作為生命的靈性，行於生命的本體之上。生命本體既是一種積氣，韻自然也就行乎其間。氣是韻之體，韻是氣之用。只有氣中有韻，有氣韻，才能生動，才能體現出藝術生命的內在風神」，[1]「"氣"具有形而上的本體意義。是對世界、社會和人自身的認識，築基於此上的"氣韻"，則呈示了對氣－宇宙本體的審美觀照，它要求在藝術創作中傳達出一種深邃博大的宇宙情懷，一種天人相合的生命意味」。[2]「氣韻」是舞蹈藝術生命最重要的價值，「生動」是「氣韻」表現的方式，如「元代楊維楨所論：傳神者，氣韻生動是也」。[3]

> 「"氣韻生動"的核心在於變化性，"氣"是可以看作陰陽的變化和自然的律動，這是理解氣韻生動的基本途徑；藝術家創造的力量超越了一般的認識及形式，擺脫了世俗的制度和樣態，獲得了精神的解放，從而產生了藝術的永久生命力；另外，氣韻生動講究象外之象和言外之意的理致，並不執著於外形，要通過作家的個性來表現出對象的本質和內在之美。[4]

所以，中國舞蹈藝術不僅是身體技能的展現而已，其隱藏在作品內部的時代精神、文化意涵更是值得探究的。「線之飛舞、游之精魂、圓之

---

[1] 朱志榮，《中國藝術哲學》（東北師範大學出版社，1998），106。
[2] 王慶衛，〈從"氣韻"看中國古典美學的詩性思維特點〉，《長安大學學報》，6.2（2004.06）：68-72。
[3] 朴相泳，〈略論"氣韻生動"及其美學意義〉，《理論學刊》，4（2005.04）：123-125。
[4] 朴相泳，〈略論"氣韻生動"及其美學意義〉，《理論學刊》，4（2005.04）：123-125。

意境、情之所感、象之所致以體現"道"之玄冥是中國舞蹈之精神」,[1]此
即爲舞蹈藝術之「氣韻」的實質內涵。「氣」來自於舞蹈身體的呼吸控制,
「韻」來自於舞蹈身體的節奏、速度,這二者形構了所謂舞蹈動作的「張
力」與「質感」。不同的動作「張力」與「質感」象徵著不同的「氣韻精
神」,所以說舞蹈藝術是一個無邊際的想像世界或意象的世界。「氣韻生
動」對舞蹈藝術而言,蘊涵著形象的變化性、技巧的虛化性、精神的播
撒性、意境的超越性等深刻的審美內涵,而這一切都源自於身體之「氣」,
有了變化不定的「氣」,「韻」方能「生動」。(如圖 2-6)筆者作品之《落
櫻》,圖中雖然看不見舞者的表情,卻能從身體與扇子的張力中感受到一
股壓迫感、束縛感與極欲掙脫之感,此即「氣」與「韻」的作用。

圖 2-6 蕭君玲 2004 作品《落櫻》
攝影:黃浩良

---

[1] 王文娟,〈舞:中國藝術中深蘊的美學靈魂〉,《人文雜誌》,3(2005):94-98。

「在藝術生命的創造中，主體不但感悟物態的節奏和韻律，而且反求諸己，對主體情感的節奏與韻律進行反省」[1]，「氣」是舞蹈藝術的本質核心，身體舞動中無不充滿著「氣」，從生理學上的呼吸之「氣」到藝術、美學中蘊涵韻味、意境中的「氣」，都主導著舞蹈藝術的生命。

> 「氣」是古代美學的元範疇「因為古代美學中存在著大量與「氣」相關的概念和範疇，如氣韻、氣勢、氣象等，且美的感受只可意會，既實又虛，故鑒有成為古代美學元範疇的歷史淵源和依據。藝術意境的構成是一個非常複雜的過程，藝術意境的營造需要多種審美範疇的參與，「氣」既是參與者之一，也會融合其他許多重要範疇，成為眾多審美範疇施展其靈動藝術之效的基礎，故「氣」是藝術創造的本源和動力。「氣韻」能使藝術作品充滿活潑、靈動的生命之氣，使作品帶有愉人心目的「美」的律動和節奏。同時也能使作品產生由實趨虛的含蓄之美和餘音繚繞的藝術氛圍。[2]

「情感的節奏與韻律不僅是感物而發，成為情趣的附庸，而且使得審美意象體現出主體心靈的獨特性和創造性。其創造性之於生命的感性形式，可點鐵成金，體現出藝術家獨具匠心的心靈妙運能力」[3]「氣韻」表徵著身體之氣與身體之韻，這是中國舞蹈相當重視的環節，二者形塑出舞蹈藝術的感性形式，形塑出舞蹈獨特美感的身韻。「"身韻"是中國古典舞的藝術規範和審美原則，是中國古典舞的旨歸。從外形的雕

---

[1] 朱志榮，《中國藝術哲學》（東北師範大學出版社，1998），109。
[2] 齊海英，〈"氣"－中國古代美學的元範疇〉，《社會科學輯刊》，3（2004）：171-173。
[3] 朱志榮，《中國藝術哲學》（東北師範大學出版社，1998），109。

琢到神態的磨練，從氣息勁力的掌握到情感的準確表達，"身韻"讓舞者身體各部位充滿了舞蹈意識，從中展開對中國傳統精神哲學和辨證思維的發掘和掌握，在舞蹈藝術領域裡傳承著古典舞自身的藝術特色和歷史生命」。[1]中國舞蹈的藝術創作是難以脫離傳統哲學思維的基礎，因此，在舞蹈創作上對「身體之氣」與「身體之韻」的掌握與表現就必須是在此文化沃土的基礎上進行，若脫離了文化沃土而創作，那中國舞蹈將失去自身的文化性、價值性，更重要的是將失去自我核心，這是中國舞蹈創作者所應思考的問題。

在中國古典美學中，「氣韻」是重要的內涵，而中國舞蹈以身體為藝術表現的媒介，是一種綜合時空的藝術形態，對於「氣韻」的掌握也就相對地重要，「氣韻」表示了一個舞蹈作品所呈現的動作、姿勢、節奏等，它並不是一種類似機器的、物理學理論的「運動」，而它是一種具有「氣韻」或具有「生命意涵」的「行動」。這就如同美國學者道格拉斯‧P‧拉基（Douglas P. Lackey）在《行動理論與舞蹈美學》一文中指出的：

> 把「行動」與「運動」在概念上嚴格區分開來，使「身」
> 與「心」在舞實踐與美學研究中完美地統一起來。行動與
> 運動之間的區別：即一個舞蹈就是一連串行動，而不是一
> 連串身體運動。[2]

傳統中國文化之「氣韻」學說早已說明「人」的本性因素主導著藝術作品的創造，一個機器的運動，它是物理學上的客觀運動，而一個「人」

---

[1] 胡昭昉，〈身韻‧意境‧生命―中國古典舞藝術審美特性分析〉（汕頭大學碩士學位論文，2004），12。

[2] 朱立人主編，《舞蹈美學》（台北：洪葉文化出版，1994），297-298。（道格拉斯‧P‧拉基（Douglas P. Lackey）著，《行動理論與舞蹈美學》。

或一群「人」的舞蹈，則蘊涵著文化意識、社會意識、自覺意識與不自覺意識的主導，它是一種有生命意涵的「行動」。在中國舞蹈的藝術表現中常見一種綿綿細長而不中斷的「氣韻表現」，即使在一連串的動態肢體活動中要求快速定住或靜止，如中國舞蹈中「由動到靜」的亮相，即便是靜止的身體狀態，也是一種充滿生命意涵的「行動」，因此，其身體的「氣韻」是無法切割開來的。上述例子，一個舞者的亮相，其氣韻仍醞釀在身體之內，並由眼神、表情、靜止的身體所構成的「行動」來傳達其意涵。反之，「由靜到動」對於舞者來說必須具備某種「預動」，如欲左先右，欲前先後，欲上先下，這種「預動」彰顯出了「行動」的意圖，有所意圖即有所意指，意指之處即為內在情感的釋放；中國舞蹈重視呼吸，由呼吸引導身體啟動的動力與方向，當然，這不同於西方舞蹈的某些原則，對於中國舞蹈表現而言，這並不是一件簡單的事，其呼吸的控制能力是相當重要的，因此，呼吸也同時象徵了舞蹈是一種「行動」的意義，因為它總帶著內在情感而存在。

> "氣韻"是意境創中極其重要的範疇。"氣韻"之中的
> "氣"指生命運動的節奏、力度。"韻"則指和諧、餘音、
> 餘味等。"氣韻合一"，則表現著宇宙中全部的生機活力。
> 顯現宇宙生命的節奏、韻律。"氣韻"還是一種超以象外
> 的更趨虛化的藝術餘味。[1]

中國舞蹈「氣韻」的生動體現在幾個特點上：一是「動靜協調，創構形象美」，二是「圓流回轉，展現流暢美」，三是「屈彎平衡，形塑曲線美」，四是「形神融合，體現意境美」，而上述這些「美」的特點都必

---

[1] 齊海英，〈"氣"－中國古代美學的元範疇〉，《社會科學輯刊》，3（2004）：171-173。

須由「身體之氣」與「身體之韻」來加以控制,「意境」方能被創構、呈現而引發心靈回響。筆者編舞時常提醒舞者做動作需由呼吸來引動身體,由「心」導「氣」,「氣」導「身」。於此「氣韻」方能「生動」,從呼吸來掌握作品的動與靜、形與神,才能在舞蹈之「動」體味到意境之「靜」,這是一種本體之靜,有如李澤厚所言之:

> 在動中得到靜,在實景中得到的虛境,在紛繁現象中獲得的本體,在瞬刻的直感領域中獲得的永恒。……它啟示你更感覺只有那超動靜的本體才是不朽的。運動著的時空景象都似乎只是為了呈現那不朽者─凝凍著的永恒。……凝凍,即所謂"凝神於景","心入於境",心靈與自然合為一體,在自然中得到了停歇,心似乎消失了」。[1]

創作者與舞者的「心」入於身體、動作、意識的融合之「境」。它是創作者與舞者們共同譜出的「心靈之境」,外在形體虛化了,氣韻,生動了,在動態的舞蹈展現中,呈現了另一幅詩性的畫,此為舞蹈藝術之「意境」所在,通達此「意境」的大道,「氣韻」是重要關鍵之一。

三、形神互融

傳神、入神代表著舞蹈藝術展現時的境界,如上述傳神者,氣韻生動也。另而言之,傳神或入神亦指涉舞蹈表演者一種形神合一、勁律和諧的美學觀。舞蹈如同書法、詩詞、繪畫一樣,除了要求以身體舞出「形態」之外,更要求能傳達出所蘊藏之「神韻」,「形態」與「神韻」的融

---

[1] 李澤厚,《華夏美學》(天津:天津社會科學院出版社,2001),258-260。

合表現了舞蹈藝術的旨趣。如宋代詩學家嚴羽所提之「妙悟說」：

> 嚴羽將 "妙悟" 與 "入神" 連在一起，要求詩歌不僅要
> 寫出事物之 "形"，而且要 "悟" 出事物之 "神"。它
> 像皎然的 "採奇於象外"，司空圖的 "超以象外，得其
> 環中"，"韻外之致，味外之旨"，"象外之象，景外
> 之景"，梅堯臣的 "必然狀難寫之景，如在目前，會不
> 盡意，見於言外，然後為至矣" 有一脈相承的關係。[1]

　　舞蹈藝術在表現外在形象特徵時，同時必須注意內在情感與精神的傳達，形神兼備在中國舞的表現上是非常重要的，而形與神的融合強調真實與自然。但一般的舞蹈表演太刻意強調肢體的展現或技巧性，例如舉腳的高度，腰的柔軟度，轉圈的速度及圈數，在空中停留的姿勢與時間等，一連串的技巧動作，有刻意雕飾的跡象。當然這些高難度的技巧亦是舞蹈藝術審美的重要依據之一，但要依照舞蹈作品中之核心主題來給予適當的動作。但舞蹈作品中常見的是以肢體動作為主的呈現，與所要表現的主題思想有過多或不足的偏頗，即是沒有將角色中的「神」與外在肢體的「形」自然真實的結合，因此使作品缺少自然渾成的真切感。舞蹈家胡民山老師在 2006 年的作品『拈花』（如圖 2-7）是相當注重形神互融的經典之作，他說：

> 「我回歸到動作最基本的元素，身體及動作進行著原韻的
> 探秘，　並妝點著舞台上的空間，靜、行、融是選擇的方
> 式與過程」。「靜」為首要，內心不斷要去除所有的雜念，

---

[1] 陳　捷，〈嚴羽 "滄浪詩話" 美學思想初探〉，《重慶郵電學院學報》，2（2005）：
　　268-271。

圖 2-7 胡民山 2006 作品拈花之《拈花》
攝影：李明訓

肢體也必須回到骨骼、關節、肌肉一般性的排列組合。
「行」，誠實面對、是誠心的相信；不但要虛心而誠實的專
注於身體內部，也必須有如信仰般相信內面還有一個自性
存在。「融」，是循環也是不執著的相輔相成。[1]

　　胡民山老師強調的是在「靜、行、融」的過程中專注地觀照身體的
動覺與內在狀態，達到簡單、純粹的形神融合與真實自在。

　　形：是「一切外在的、直觀的體態、動作；動作與動作之間的連接；
姿態與姿態之間的過度、路線；凡是一切看得見的型態與過程都可稱之
為"形"。"形"是形象藝術最基本的特徵，「皮之不存，毛將焉附」，
沒有"形"做為藝術表現和傳達的媒介，任何藝術的審美性都是不能存
在的」。[2]中國舞蹈之形體以「圓」為主要形象特徵，主要是受到中國哲
學思想，以太極八卦，抱圓守一等圓的思維所影響，而發展出「擰、傾、
圓、曲」的曲線美和「剛健挺拔、含蓄柔韌」的氣質美。「從出土的墓俑
和敦煌壁畫中不難看出這一點是從古至今一脈相傳而不斷發展演變的。
如秦漢舞俑的"塌腰蹶臀"，唐代的"三道彎"，戲曲舞蹈中的"子午
相"、"陰陽面"、"擰麻花"，中國民間舞中的"輾、擰、轉、韌"，
中國武術中的龍形、八卦，無一不貫穿著人體的"擰、傾、圓、曲"之
美」。[3]「舞蹈真正的生命力在於運動的過程。人們對古典舞用行雲流水、
龍飛鳳舞、曲折婉轉、閃轉騰挪等加以讚譽，這一切形象化的描述，實
際上離不開運動中"圓"和"游"這兩個特徵。」[4]「一切從反面做起之

---

[1]　《拈花節目冊》（台北民族舞團，2006）。
[2]　于　平選編，唐滿城著，《中國古典舞身韻的形神勁律-中國舞蹈教學》（北京：北京
　　舞蹈學院，1998），105-110。
[3]　于　平選編，唐滿城著，《中國古典舞身韻的形神勁律-中國舞蹈教學》（北京：北京
　　舞蹈學院，1998），105-110。
[4]　于　平選編，唐滿城著，《中國古典舞身韻的形神勁律-中國舞蹈教學》（北京：北京

說，即"逢沖必靠，欲左先右，逢開必合，御前先後"的運動規律，正是這些特殊的規律產生了古典舞的特殊審美性。無論是一氣呵成、順水推舟的順勢，還是相反相成的逆向動勢，或是"從反面做起"，都是體現了中國舞的圓、游、變、幻之形式美」。[1]

「形神相融」在舞蹈藝術的要求上是非常重要的，相融的不只是內在感知與外在肢體技巧，包括舞蹈道具，如水袖、刀、槍、劍等也必須視為身體的一部分，自然的相融靈活舞動。筆者亦曾在舞作中運用面具來改變舞者的瞬間角色詮釋，筆者要求舞者，就算是假的面具，也必須將假的面具「舞活」！其無形的「神韻」必須透過被舞活的面具傳達出來。(如圖 2-8、2-9）是筆者 2006 作品《幻境》，舞者張夢珍將頭部後的假面具舞活了。身體曲線之「S 形」與若隱若現於髮絲之間的面具，散發出一種神秘的氛圍，舞者與面具的關係成功的營造出創作者所欲表現的氛圍。

「圓」是中國古典舞的特點之一，唯中國古典舞確實太注重「圓」的空間美和「游」的流動美了！中國舞蹈的圓可分析出「平圓、立圓、八字圓」這三種基本圓。筆者親赴北京舞蹈學院學習身韻課程，亦體會到中國舞的「身韻課程」在「形」的訓練中，是以「擰、傾、圓、曲」的體態美為重點之一，以「平原、立圓、八字圓」為其動態路線，從提、沉、沖、靠、移、舔、含的基本身韻中體會到「平原、立圓、八字圓」的體態美。

舞 蹈學院，1998），105-110。
[1] 于 平選編，唐滿城著，《中國古典舞身韻的形神勁律-中國舞蹈教學》（北京：北京舞蹈學院，1998），105-110。

圖 2-8 蕭君玲 2006 作品拈花之《幻境》

攝影：李明訓

圖 2-9 蕭君玲 2006 作品拈花之《幻境》
攝影：李明訓

神：「在中國文藝評論中，「神韻」是一個尋常重要的概念。無論談詩、論畫、品評音樂、書法，都離不開神韻二字。只有把握住了"神"，"形"才有了生命力。著名京劇教育家錢寶琛先生有一句精辟的概括，他說："行三，勁六，心意八，無形者十"。在他看來，舞蹈動作中，「形」只佔三分，「勁」佔六分，「心意」（即「神」）卻佔八分。」[1]這並不是說「形」不重要，只是形必須靠勁與意的注入，才能充滿，進入更高一層的境界，當形、勁、心意三者合一後，即進入了真正的「形神合一」到忘我的境界便達到錢寶琛先生所提的「無形」。所以無形並不是沒有，而是充滿，而達到無限。

　　手、眼、身、法、步是戲曲舞蹈裡的五法，人們常說眼睛是靈魂之窗，是傳神的工具，「上台全憑眼，眼法由心生，抽去眼法的手勢，台步、身段就只能是一連串缺乏表情的舞臺動作」[2]「眼神的聚、放、凝、收、合並不是指眼球自身的運動，恰恰是受著內涵的支配和心理的節奏所表達的結果，這正是說明神韻是支配一切的。形未動，神先領；行已止，神不止，這一口訣形象地、準確地解釋了形和神的關係和聯繫。」[3]蘇州大學周秦教授也提出：「表演既要高於生活又要合乎情理，達到真和美的高度統一。而要實現這樣的理想，關鍵在於外型身段與內心情感的和協配合，所謂欲發之狀，先動其心。」[4]

　　舞蹈的「形神相融」如朱銘先生對雕刻藝術心手同步所體悟的道理是一樣的：

---

[1] 于　平選編，唐滿城著，《中國古典舞身韻的形神勁律-中國舞蹈教學》（北京：北京舞蹈學院，1998），105-110。
[2] 周　秦，《蘇州昆曲》（台北：國家出版社，2002），147。
[3] 于　平選編，唐滿城著，《中國古典舞身韻的形神勁律-中國舞蹈教學》（北京：北京舞蹈學院，1998），105-110。
[4] 周秦著，《蘇州昆曲》（台北市：國家出版社，2002），156。

技術與藝術這互為表裡的兩面，前一程是形而下的訓
練，累積的是手上的技巧性功夫，練成了之後，才能在
後一程時以最流利的熟悉度，心手同步，進行反射動作，
直接激發內在潛能，造就藝術的極致。[1]

　　中國舞蹈的藝術性展現的程度，端視舞者的身體與意識情感，它
決定了「形、神」融合的層次，因此，舞蹈藝術的展現在本質上除了
是編舞者的編創引導外，舞者的「形神、氣韻」是舞蹈作品是否成功
的關鍵之一，舞蹈作品的詮釋並無法藉由外在的學習與模仿，是須靠
舞者自身的修為與體悟。如雕刻家朱銘先生所言：

　　只要是學習，就是一種移接，桃子的形狀有李子的味道，
　　不是原生原創，不盡理想，藝術的最高境界，不是來自
　　學習。[2]

　　所以舞者的「形神、氣韻」並不是來自於創作者的嫁接，而
是來自於自身的體悟！

---

[1] 潘　煊，《種活藝術的種子－朱銘美學觀》（台北：天下遠見出版，2005），11。
[2] 潘　煊，《種活藝術的種子－朱銘美學觀》（台北：天下遠見出版，2005），18。

第三節　中國舞蹈藝術之意境

「舞蹈的價值在於創造舞蹈意象。舞蹈意象是情感的意象」。[1]舞蹈意象的創構是為了使舞蹈藝術作品傳達一種「**意境美學**」

> 中國舞蹈作品的意境，就是舞蹈作品所描繪的生活圖景和
> 表現的思想感情融合一致而形成一種藝術境界，中國舞蹈
> 作品追求的是一種幽深雅致、含蓄雋永，如詩如畫的意境。
> [2]

中國舞蹈美學無法脫離中國傳統哲學而存在，其審美旨趣亦在於哲學基礎上生發的。「意境範疇」在經過長時間的文化積澱與歷史進程，逐漸形成一深厚的理論。如道家思想中關於「言外之意」的思想：

> 《莊子‧外物》云：荃者所以在魚，得魚而忘荃；蹄
> 者所以在兔，得兔而忘蹄；言者所以在意，得意而忘
> 言。[3]

《人間詞話》在近百年來王學史上佔有相當大的比例，且因它的論域寬廣，觀點歧異見解深刻在中國現代文論上佔有一定的重要性。王國維在《人間詞話》說：「**詞以境界為最上。有境界者自成高格**」[4]。其「境界說」是當中重要的核心理論，由「境界說」可以衍生探討至藝術作品的創作層面以及境界上的層次。但運用「境界說」中的理論來探討

---

[1]　袁　禾，《中國舞蹈意象論》（北京：文化藝術出版社，1994），101。
[2]　陳　春，〈論中國舞蹈的意境及審美特徵〉，《藝術‧設計》，（2005.09）：191-192。
[3]　《莊子》（台北：智揚出版社，1993），448。
[4]　王國維著、劉鋒杰章池/集評，《人間詞話百年解評》（黃山書社，2002），1。

舞蹈藝術是非常少見。舞蹈藝術創作是一種想像性的表現，它是一種內心的精神事物以有形體可感的方式呈現，也是一種對「境界」的形塑、追求與表現。

　　舞蹈藝術的表現有較接近日常生活的寫實表現方式，中國舞與西方舞蹈的表現方式各有不同，例如「對美國的許多舞蹈創作者來說，日常生活是走路，若即若離的接觸，舞者的臉部面無表情，而讓觀眾自己去感受動作背後的意義」[1]。「對於歐洲的舞蹈創作者而言，日常生活是傳統加上記憶所編織出來的微笑或悲傷，舞者的臉部和舞步則有著內斂之後的表情」[2]；對中國舞來說，早期的生活型態，宮廷饗宴、民間勞動，對傳統的延續是以模擬、倣效等直接抒發的寫實性表現。例如舞蹈家潘莉君曾在 2000 年所編創的作品「《彝家歡歌》中運用煙盒舞的獨特舞姿，以日常生活中簡單的肢體動作，如搭肩、輕靠、擁抱、拉手等動作，形成男女舞者的互動」[3]。在中國舞蹈的創作上，另一種較具創意空間的則是表現創作者核心思想為主體，是經過轉化、提煉的，這類的舞蹈表現是較寫意性的，後者亦較為講究境界的追求與表現。舞蹈家潘莉君在 2001 年作品《夢引》（如圖 2-10、2-11），其作品「營造一種現實與虛渺交融的夢境，舞作一開始即利用斑駁的樹影 Gobo 穿透濃稠的煙霧，以灑落整地的灰藍，營造一種如夢似幻的感覺，引人入夢」[4]。此作品取材自著名文學作品《牡丹亭》中的〈遊園驚夢〉，試圖以舞蹈來表現文學作品中的意境，以身體舞姿來詮釋難以言述的夢幻之境，這就如筆者上述的較具創意空間的中國舞蹈創作，這類的作品較具寫意性的特點，使創作者能有較大的空間進行創作上

---

[1] 李立亨，《我的看舞隨身書》（台北：天下遠見出版社，2000），107。
[2] 李立亨，《我的看舞隨身書》（台北：天下遠見出版社，2000），107。
[3] 潘莉君，《沉醉東風》（台中：漢明書局，2004），124。
[4] 潘莉君，《沉醉東風》（台中：漢明書局，2004），119。

的構思。

圖 2-10、2-11 潘莉君 2001 作品《夢引》
攝影：李明訓

由於舞蹈藝術不同於一般藝術作品，在創作作品之後，仍需有著各種因素的配合，諸如舞台設計、服裝、燈光、音樂等的搭配始能完善表現。這是一種動態的藝術表現，它不同於一首詩詞或一幅繪畫可於永久保存原樣，每一次的演出都是重新挑戰的開始，因此，舞蹈藝術在表現上有著「變動性」的本質，對於舞蹈作品境界的要求，是更爲困難的掌握的。同樣一個作品，有可能因爲配合因素的變動而改變了對境界的表現層次。

「寫境與造境」、「有我之境與無我之境」以及「隔與不隔」是王國維境界說的三個重要理論之一，筆者試圖將此理論與中國舞蹈連結，推衍出關於舞蹈藝術作品的「意境」。

一、"造境"與"寫境"

王國維的《人間詞話》對造境與寫境有精闢的見解：

> 造境，寫境，此理想與寫實二派之所由分。然二者頗難
> 分別。因大詩人所造之境，必合乎自然，所寫之境，亦
> 必鄰於理想故也」。

學者劉鋒傑指出，「造境與寫境的區別，不在於一是虛構的幻想的，一是非虛構非幻想的。從本質上言，文學都是對生活的虛構與幻想。……一種離現存事實較遠的藝術境界，稱爲造境，一種離現存事實較近的藝術境界，稱作寫境。王國維指出造境與寫境之間相互滲透、包融、轉化」[1]，聶振武認爲，「所謂造境，主要是依造想像、虛構、

---

[1] 王國維著、劉鋒杰章池/集評，《人間詞話百年解評》（黃山書社，2002），12。

誇張的藝術手法創造的意境，突出作者主觀情感的抒發和理想圖景的刻畫；所謂寫境，則是通過對現實人生的忠實描寫和再現而創造的意境」[1]。

舞蹈藝術不僅需要感受美的能力，更需要能表現美的能力，這正好符合王國維對美所提出的兩種形式的「美」的要求。對於舞蹈創作者與舞者而言，都是需要感受美的能力與表現美的能力，此二種能力缺一不可。舞蹈藝術透過身體既寫情又寫景，以情寫景，以景表情，互爲增補，一個具高度藝術層次的舞蹈作品是蘊涵著寫景的寫實性與寫情的隱喻性，寫實性是具體生活情景的表現，隱喻性是深情寓意的創造性。王國維的《人間詞話》談到"寫境"與"造境"，前者就代表著寫實性，而後者就象徵著隱喻性，對於舞蹈藝術而言，這二者是交織而成，互相影響、互相轉化的，倘若舞蹈作品過於偏向「寫境」而過於寫實直接，那麼它將喪失了藝術的想像空間，而使作品僵化地失去生命表現力，另外若作品過於偏向「造境」而過多的隱喻，那麼它也容易成爲虛幻的空想，失去了與觀眾溝通的橋樑，無法由景入情，以景喻情。因此，舞蹈創作應注意"寫境"與"造境"的拿捏運用。

"寫境"與"造境"二種藝術表現，透過舞蹈肢體動作爲媒介，情與景的互相輝映，創造出無限的藝術想像空間。舞蹈藝術亦是"寫境"與"造境"的相互交錯的過程活動，在整個表現過程中，"寫境"與"造境"的畫面融合交錯出現，每一畫面都迅速的出現並消失，串聯成一幅幅動態的圖像，最後形成一個由記憶與感受所形成的印象。「藝術根本上是一種活動。不是活動的結果，也不僅僅是人的抽象的活動能力。離開了對一定藝術媒介的具體的、創造性的操作過程，藝術的想像將不可能實現。由於舞蹈活動直接通過人體動作來完成，不

---

[1] 王國維著、劉鋒杰章池/集評，《人間詞話百年解評》（黃山書社，2002），15。

需要外在媒介，我們有理由認為，舞蹈是這種藝術精神最直接最充足的流露」[1]。

筆者在創作舞蹈作品時，往往先構思空間畫面與具體的舞蹈動作，同時進行較深層次的主題意境營造，寫境與造境是同時進行，整體考量的。例如筆者 2003 年編作的「香讚」，運用三道彎的 S 形體態，象徵裊裊香煙，轉化為舞蹈動作元素，藉此表現台灣人民的宗教信仰；此作品的一開場，由一群舞者聚集在舞台右後方，燈光僅投射於此角落，舞者連續性緩慢地呼吸牽引著身體的自由波動，象徵心靈如大海中的生物，隨波逐浪，變動不安。藉此引入台灣人民虔誠宗教信仰的緣由，藉由身體緩慢的搖擺動作，以及昏暗的燈光，沉重單純的音樂，創造一種心靈深處尋覓 "安定" 欲求的 "意象"，而形塑出一種 "意境"。筆者即是運用了 "寫境" 與 "造境" 的理論，綜合地表現出所此作品的主題動作與核心思想。

中國舞蹈的身體文化是造境層次與寫境層次融合的藝術表現，它注重主體與他人、主體與環境、主體與自我的高度契合。因此，中國舞蹈文化的身體情態需要有極高的心靈身體化[2]" 的能力，也就是說，高度的心靈造境能力，需要透過身體的表現得以完成，若僅停留於心靈造境層次，則易成為空想而無法透過身體實踐。當然，將心靈意象實踐於身體表現的過程有時亦會產生誤差，因心靈造境之「境」與身體實踐之「境」是無法經由一定的手段而達到既定的目標，例如一個舞蹈家在心靈層次建構了一幅舞蹈畫面，與最後透過舞者身體實現在舞臺上的舞蹈畫面必會差異，這是不可避免的現象，這也是藝術的無目的性與具有無限想象的特點之一。

---

[1] 李保民，〈舞蹈的特質及與其他藝術的關係〉，《鄭州大學學報》，35.4（2002.7），82-85。
[2] "心靈"為身體的內化作用；"身體化"為身體的外化作用，即肢體動作。

二、"有我之境"與"無我之境"

王國維《人間詞話》：

> 有我之境，以我觀物，故物皆著我之色彩。無我之境，以
> 物觀物，故不知何者為我，何者為物。[1]

　　學者劉鋒傑解讀，「有我之境是指抒情色彩濃重的藝術境界。……詩人一方直接抒情，另一方面，又將自己的情感強加於外物，使得物具我情，物因情活，……所創造的境界也就顯得我情我意特濃；無我之境是主體的情感表達相對隱蔽的境界。此時主體因心態閒靜，融身對象，似乎忘記了我的存在，極力客觀呈示外物情勢。但因物性已是我性，物貌已是我情，在物我的情態同構中，仍然浸潤著我的情趣興致，因此，這是一個看似無我，實則有我的境界。……若說有我之境是以情馭物，情是明的，那麼無我之境是以物載情，情是隱的」[2]。

　　王國維的這種二種境界之分，同時也存在於中國舞蹈文化中，若將中國舞蹈文化的身體情態視為一種藝術化身體，則可以這麼說，有我之境較偏向「以我觀物」層次。這一層次較偏向以身體動作為主的呈現；無我之境則是較趨向「以物觀物」的藝術層次，我之情是「隱」的。在無形的我隱匿地滲透於各個動作之中，一種無所為而為的表現，優遊的舞姿，自在的神情，是一種狀態也是一個情境。

　　但這有一問題的存在，就是有我之境與無我之境的境界，其實都蘊涵著「我」的存在，只是「我」的不同層次的表現，「無我」仍是一

---

[1] 王國維著、劉鋒杰章池/集評，《人間詞話百年解評》（黃山書社，2002），18。
[2] 王國維著、劉鋒杰章池/集評，《人間詞話百年解評》（黃山書社，2002），19。

種「有我」的存在現象,就中國舞蹈文化的身體情態而言,「無我」可以說是「忘我」,在身體運行之中忘却了四肢形體與時間、空間的相對性,而擴大了同一性。

「無我之境」來自於藝術創作中一種「想像的真實」,而「這種"想像的真實"畢竟是情感力量所造成」,[1]關於「想像的真實」與「無我之境」,美學家李澤厚先生這樣認為:

> 要在「虛無」、「寂寞」中憑「想像的真實」生出音樂和畫面來,要真正有「詩情畫意」,只有那莊子「虛已以應物」的創造直觀和純粹意識還是不夠的,它有賴於「情」的滲入。正是深情,使「想像的真實」產生了所謂「以我觀物」的「有我之境」和「以物觀物」的「無我之境」,而不再是認識性的描述和概念性的比附了,這樣…,而獲有了「意境」創造的廣大天地。[2]

"有我之境"與"無我之境"在舞蹈作品中主要在於創作者對於舞者表現的要求,舞蹈作品表現的完美層次當然是"無我之境"的層次,但"有我之境"却是進入"無我之境"的道路。"有我之境"的舞蹈表現受自我的過往經驗影響較多,在接受新的作品的詮釋時,亦較從自我的立場出發來表現,例如一般的民俗節慶舞蹈表演,總是影射著舞者過往的經驗與情感,習慣用誇張的情緒與動作來詮釋節慶時的歡欣躍動,這是從"有我之境"以我觀物的立場來表現的舞蹈。舞者在訓練的過程往往是以過往的學習經驗來接受創作者的思想、理念與舞蹈動作,在舞蹈動作未達到臻熟之前,舞者都是處於"有我之境"的層次,在編舞者

---

[1] 李澤厚,《華夏美學》(天津:天津社會科學院出版社,2001),248-249。
[2] 李澤厚,《華夏美學》(天津:天津社會科學院出版社,2001),249。

不斷要求與訓練下，舞者脫離了自我經驗約束的狀況，逐漸進入了"無我之境"的層次。其實這也並不是真的"無我之境"，或可說是由原自我的"有我之境"進入了一個全新自我的"有我之境"，後者是舞者不曾經驗過的自我，也因為不曾經驗過所以不會有太多的習慣性嬌柔做作的情形，更能真實的表現作品欲傳達的思想與理念。

從另一個角度來說，舞蹈作品的"無我之境"的層次，可以說是使舞蹈脫離以單純強化肢體技巧，進入一種形而上的較接近精神性的美學觀。筆者在 2004 年的作品「落櫻」，試圖引導舞者運用以物觀物的觀點，進行舞蹈詮釋。筆者要求舞者必須重新體驗櫻花的特性及花瓣凌空飄落之感，直覺地用以物觀物的情感來表現，而筆者也不斷引導舞者，放棄自我，你不是你所過往經驗中的自我，而是當下編舞者所引導新的自我，不受傳統模式約束，只以作品本身之思想詮釋作品，而不以經驗下的自我情感來詮釋作品，如此作品本身與其他作品的差異性得以存在，不至於出現不同作品卻有相同詮釋的窘境。此時的舞蹈動作與技巧將不再是重點，其所凝聚而成的作品之思才是重點。如學者王振鋒所言，「把來自客體方面的吸引、誘惑和來自主體方面的欲望、追求通通拋開，使物我直接觀照」[1]。舞蹈若只停留在肉體、肢體動作的表現，那舞蹈只能是舞蹈，而不能向上躍昇為一門藝術，它就不具備藝術的內涵與精神。舞蹈動作的一連串表現引動的是創作者欲表現的深情隱喻性思想或觀點，這同"無我之境"的境界一樣，"有我"是具體可感的，"無我"是隱喻想像的。舞蹈若僅是單純的肢體動作表現，那是具體可感的，而不具備隱喻想像的藝術空間。舞蹈藝術，在「某種意義上說，只有達到離開肉體的世界才會有舞蹈的美，因為這時的肉體已經不再單純是生理上的肉體，而是因肉體的有節奏的動作而形成一種生命觀，已經成為具有象徵

---

[1] 王國維著、劉鋒杰章池/集評，《人間詞話百年解評》（黃山書社，2002），190。

意義的藝術了」[1]。舞蹈作品的 "無我之境" 可以說是一種詩意般的境界，這種詩意般境界所表現出來的舞姿，不是僵化的肢體動作，每一個肢節，每一個細胞都在不斷地活化放射，放射出內在心靈所蘊涵的情感，這樣的舞姿是寫意性的表現，境界才得以被表現，藝術內涵才得以被釋放。如同寫詩般，寫實之景易描述而言外之意則難表之。筆者 2005 年的創作作品《姹紫‧嫣紅》，是筆者一個相當強調「意境」的寫意性創作，紫色花瓣緩緩飄落，漫天紫色基調形塑出浪漫的氣息，創造出時空重疊的交織現象，隱喻前世今生至情至性的情感內涵。

朱光潛先生認為王國維的「無我之境，……其實都是有我之境。與其說有我之境與無我之境，不如說超物之境和同物之境」[2]，而顧隨先生認為，「有我之境、無我之境不能成立，不能自圓其說。……余以為心是自我而非外在，自為有我之境，而無我之境如何能成立」[3]，王文生認為，「有我之境與無我之境，不是詩中是否有「我」，而是從物與我的關係，我觀物的方式的不同而區分的兩種審美範疇」[4]。

「無我」的另一種詮釋，可以說是「極度專注」，宗教活動中常透過坐禪方式以獲得解除我執之境，這個過程是訓練心靈能隨心地產生「極度專注」的能量。舞蹈在舞台上的演出，就是要求這樣的意境。其實許多現代舞作品，看似極單純的身體動作，其中卻蘊涵著「極度專注」的心靈能量，而絕非只是純粹肢體，例如 2005 年在台北新舞台演出的 Gelabert‧黃金比例，賽司克‧傑樂伯其節目冊中的簡介寫著：

在準備及演出《黃金比例》（*Im （Goldenen）Schnitt I*）的

[1] 胡效芳，〈舞蹈美三論〉，《西安石油學院學報》，10.3（2001.8），95-96。
[2] 王國維著、劉鋒杰章池/集評，《人間詞話百年解評》（黃山書社，2002），20。
[3] 王國維著、劉鋒杰章池/集評，《人間詞話百年解評》（黃山書社，2002），21。
[4] 王國維著、劉鋒杰章池/集評，《人間詞話百年解評》（黃山書社，2002），27。

過程中，我被當中所蘊藏的智慧所征服。在看似簡易的表面形式裡，其實包含對動作的深刻洞察。人體肢體的幾何可能性，與人性之間的拉址對立，在此取得奇蹟似的化解之道。這稱得上是闡述人世道理的純粹舞蹈。[1]

　　由上述這些詮釋文字中，可以看出賽司克‧傑樂伯對於該作品「極度專注」而產生的純粹性的舞動，這意謂著另一種多重呈現的美學意境。舞蹈若只停留在一連串的肢體動作表現，那舞蹈只能是舞蹈，而不能向上躍昇爲一門藝術，它就不具備藝術的內涵與精神。舞蹈動作的一連串表現引動的是創作者欲表現的深情的隱喻性思想觀點，這同「無我之境」的境界一樣，蘊涵著「渾沌性」，「有我」是具體可感的，「無我」是隱喻想像的。中國舞蹈若僅停留在單純的肢體技巧表現，將減低隱喻想像的藝術空間。

　　關於「無我」，美學家李澤厚認爲：

所謂「無我」，不是說沒有藝術家個人情感思想在其中，而是說這種情感思想沒有直接外露，甚至有時藝術家在創作中也不自覺意識到。它主要通過純客觀地描寫對象（不論是人間事件或自然景物），終於傳達出作家的思想情感和主題思想。從而這種思想情感和主題思想經常地就更爲寬泛、廣闊、多義而豐富。……它並沒有直接表露或抒發某種情感、思想，卻通過自然景物的客觀描寫，極爲清晰地表達了作家的生活、環境、思想、情感。……客觀地整體地把握和描繪自然，表現出一種並無確定的觀念、含義和

---

[1] 賽司克‧傑樂伯（Cesc Gelabert），《黃金比例》（台北：新舞台新舞風節目冊，2005）。

情感，從而具有多義性的無我之境。[1]

　　王國維的審美境界說，對於中國美學發展而言，是一種創新的發展，他不但沒有破壞了中國的美學傳承，更高度的提昇了中國美學的理論建構，這也是中國美學發展的多重呈現。不過王國維的境界說畢竟是多重呈現之一，難免有所偏頗，「其實有些像是在『霧裡看花』，不顯現目前而又如在目前，需要經過由象內至象外，由味內到味外品賞才能領會其境的詩詞，又何嘗在根本上違背了真與自然」？[2]事物是以何種方式被呈現，是清楚寫實，或是曖昧隱喻，其實並不能以多重呈現之樣貌來決定其藝術境界之高下、好壞，就舞蹈而言，其關鍵仍在於舞者表演當下，是否真心、真情，完全沉浸於舞台空間與時間流轉下的虛幻世界，以虛擬的身體動作，真心自然地呈現內在的心靈情感。不做作、不虛偽地表現，沉浸在可感的知覺意識與不可感的含混意識之中。

　　舉一個例子說明，在中國舞蹈的訓練中，可以讓一群舞者自由地表現創作者的作品，舞者們根據自身過往的經驗與判斷，表現出自我特色的舞姿，這是較偏向有我之境的表現；同樣地，可以訓練並要求舞者先捨棄自身過往經驗與判斷，重新接受作品中所要求的情感，對這一情感的詮釋必須盡量地避免受其舊經驗的影響，所以中國舞的位移就不只是小碎步，花梆步，必須依照舞蹈的情緒而自然的移動，面向觀眾也不一定要笑，必須了解為何而笑，所有動作設計與情緒引動均依作品所傳達的理念而行。

　　中國舞蹈文化的有我與無我之境的種種不同的觀點，都是「差異化」的種種跡象，這些跡象會在歷史脈絡中不斷地變動。有我之境與

---

[1]　李澤厚，《美學三書》（天津社會科學院出版社，2003），157。

[2]　于　民、孫通海，《中國古典美學舉要》（安徽：安徽教育出版社，2002），1043。

無我之境都無法脫離「時間延續性」與「空間差異性」,「我」在差異與延續之間,遊走於空間與時間所交錯而成的種種境地,進而產生出種種不同的「我」的跡象。就有我之境與無我之境而言,中國舞蹈文化的身體情態由於受著中國文化「時間延續性」與「空間差異性」影響,在本質上蘊涵著較重程度的「無我」的境界要求,這一種「無我」並非「沒有我」而是消解了「我」與「物」及「我」與「他人」的相對立矛盾,也就是改變了互動關係的存在形式,因此,產生了所謂的無我之境。

三、"隔"與"不隔"

何謂 "隔" 與 "不隔" ?《人間詞話》第四十則:語語都在眼前便是不隔。四十一則:寫景如此,方為不隔。而白石之詞卻是:如霧裡看花,終隔一層。最初作「語語可以直觀[1],凡隔之詩,皆非自然,如東施效顰之捧心也。不隔之詩,如西施之天生麗質也[2]」。因此, "隔" 與 "不隔" 之別,在於 "真景" 與 "真情"。白石寫景之作,如「二十四橋仍在,波心蕩冷月無聲」,「數峰清苦,商略黃昏雨」,「高樹晚蟬,說西風消息」,雖格韻高絕,然如霧裡看花,終隔一層。梅溪、夢窗諸家寫景之病皆在一「隔」字。北宋風流,渡江逐絕,抑真有運會存乎其間邪!(正文第三十九條)。問「隔」與「不隔」之別?曰:陶、謝之詩不隔,延年則稍隔矣。東坡之詩不隔,山谷則稍隔矣。「池塘生春草」、「空梁落燕泥」等二句,妙處唯在不隔。詞亦如是。即以一人一詞論,如歐陽公<少年游>詠春草上半闋云:「闌干十二獨憑春,晴碧遠連雲。千里萬里,二月

---

[1] 葉程義,《王國維詞義研究》(台北:文史哲出版社,1998),188。
[2] 葉程義,《王國維詞義研究》(台北:文史哲出版社,1998),186

三月，行色苦愁人。」語語都在目前，便是不隔。至云：「謝家池上，江淹浦畔。」則隔矣。葉嘉瑩指出，「如果在一篇作品中，作者果然有真切的感受，且能做到真切的表達，使讀者亦可獲得真切的感受，如此便是"不隔"，反之，只是因襲陳言或雕飾造作，便是"隔"」[1]。

　　對於舞蹈藝術而言，或許可以這麼說，真性情而不受經驗羈絆的表現是為"不隔"，僅止於肢體動作的一連串表現而無法表現真性情者是為"隔"也。真性情是舞蹈的生命活力與泉源，一個好的舞者除能善用所學之技能外，更能忘却學習過程所帶給自我的框架，不被自我框架所侷限。這樣的舞者能表現出具有高度隱喻性的藝術內涵，真性情能藉由她的身體流露出來，這是因真性情流露而舞動著身體，這是藝術化的身體，而不是為了刻意表現某種技巧而舞動身體。就藝術化的身體與真性情的表現而言，"不隔"是去除了經驗所形成的自我框架，而能自在表現。這是舞者與創作者希望達到的境界，多數的舞者大多難以脫離自我框架的羈絆，因此，創作者需要透過各種文字、語言、圖像等來引導舞者進入"不隔"之境。可以說舞蹈如詩詞創作般地追求著境界的高格，對於較高的藝術境界是中國舞蹈創作者、舞者一生所欲求的，舞蹈藝術不像詩詞、繪畫、雕刻一樣能長時間的保存，每一次演出之後都是歸零的重新開始，每一場的演出都是全新的考驗，這是舞蹈藝術不確定性的本質，因此，舞者對於境界的感受與體認的能力，是必須加強訓練的。

　　詩詞創作的真性情流露與舞蹈創作、舞蹈表現的真性情舞動，在"寫境"與"造境"、"有我之境"與"無我之境"、"隔"與"不隔"的區別上是有某種程度的相似性，而舞蹈藝術在動態的不確定性的本質上，對於"意境"的掌握亦是艱難的。對於藝術而言絕對無法一刀切，沒有絕對的"隔"也沒有絕對的"不隔"，是藉由主觀的觀察，以我觀

---

[1]　王國維著、劉鋒杰章池/集評，《人間詞話百年解評》（黃山書社，2002），189。

物為出發，若以物觀物也是以我為主的觀物，這二者僅在於主觀情感程度高低之差異。無法真正達到以物觀物的境界，因人不能完全等同於物，只能透過直觀的感受來感知物，這樣的感知能力會創造不同層次或境界。因此，舞者平時的訓練與教育，不僅僅是舞蹈基礎訓練的要求，更應提昇對於環境及生活週遭敏銳的觀察力，加強一種「解放自我、以物觀物」的能力，方能提昇其舞蹈藝術的滲透力。

第四節　本章結語

　　中國舞蹈文化中的「身體」,其意涵不僅是生理性的「身體」,而且是心靈化的身體。「此所謂"身體"非惟生物性的肉體,本就是涵孕了身與心、感性與靈性、自然與價值,及生理、意識和無意識,且在時、空中動態生成、展現的生命整體」。[1]「身體,既是人之自我理解的起點,又是人在與社會、自然的聯系網絡中溝通、交往的存在支點甚至價值支點」,[2]在中國舞蹈身體的發展中,講究各種「意境」或「境界」的形塑與創造。中國傳統文化中對於「境界」的論述頗多,這是中國文化發展的現象之一,當然,中國舞蹈身體文化也在此意蘊中發展。中國舞蹈藝術的「意境」核心之一在於身體之「氣」與「韻」,舞蹈身體生動的「氣韻」播撒出舞者們內心深處的感動,此種感動有著某種難以言喻的情感,「在中國美學中,感性生命與情感生命是渾然一體的」。[3]

　　本章運用王國維《人間詞話》的境界說,在他立論的基礎上,將不斷地擴散境界的意義,形成多元意義的現象,因此我們不能斷論地訴說何者為對,何者為誤!亦不應該以高低設限來看待境界本身。因中國舞蹈文化的身體情態本身是具有多元意義的,心靈情感層次的種種感知如「水」、「氣」一般地滲透至身體的每一個細胞中,將身與心融合、我與自然融合,中國舞蹈文化之境界的追求即是此種與萬物萬事互動和諧,相融的境地。

　　根據本文的探討與分析,歸結出下列幾點結論:

一「情」和「景」的交融互滲是舞蹈藝術創作者的目標,在交融互滲的

---

[1] 周與沉,《身體:思想與修行》(北京:中國社會科學出版社,2005),引言 2。
[2] 周與沉,《身體:思想與修行》(北京:中國社會科學出版社,2005),2。
[3] 朱志榮,《中國藝術哲學》(東北師範大學出版社,1998),112。

過程中可以播撒出創作者內心深處的藝術思維，此亦是「意境」生發的關鍵，發人省思的藝術作品是將形式給隱退了，留下了「氣韻生動」的迴響，因此，欣賞者內心感動，融情於景的進入藝術作品中，這是超越形式之外的藝術表現。舞者對於身體、動作、姿勢的形塑是使此虛幻「意境」產生的重要過程，舞者由起初的模倣學習，再將模倣學習與自我身體特性作一融合，這是由外而內的過程。在不自覺的學習當中舞蹈動作已自然的流露於身體舞姿，達到渾然自在的程度，這是「由外而內」再「由內而外」的洗鍊過程，最後達到「忘」的境界，此時的「忘」即是一種「忘我」的境界，忘掉一切形式，而氣韻留住了，形成了境界。

二、舞蹈藝術的氣韻生動，「氣」來自於舞蹈身體的呼吸控制，「韻」來自於舞蹈身體的節奏、速度，這二者形構了所謂舞蹈動作的「張力」與「質感」。有了變化不定的「氣」，「韻」方能「生動」，不同的動作「張力」與「質感」象徵著不同的「氣韻精神」，所以說舞蹈藝術是一個無邊際的想像世界。

三、「在中國文藝評論中，「神韻」是一個尋常重要的概念。無論談詩、論畫、品評音樂、書法，都離不開神韻二字。只有把握住了"神"，"形"才有了生命力。形必須靠勁與意的注入，才能充滿，進入更高一層的境界，當形、勁、心意三者合一後，即進入了真正的「形神互融」到忘我的境界，「忘我」、「無形」並不是沒有，而是充滿，而達到無限。

四、中國舞蹈的身體文化是造境層次與寫境層次融合的藝術表現，它注重主體與他人、主體與環境、主體與自我的高度契合。因此，中國舞蹈文化的身體情態需要有極高的心靈身體化[1]"的能力，也

---

[1]"心靈"為身體的內化作用；"身體化"為身體的外化作用，即肢體動作。

　　就是說，高度的心靈造境能力，需要透過身體的表現得以完成，
　　若僅停留於心靈造境層次，則易成爲空想而無法透過身體實踐。
五、有我之境較偏向「以我觀物」層次。這一層次較以身體動作
　　爲主；無我之境則是較趨向「以物觀物」，我之情是「隱」的。一
　　種無所爲而爲的表現，優遊的舞姿，自在的神情，是一種狀態也
　　是一個情境。其實有我之境與無我之境，都蘊涵著「我」的存在，
　　「無我」仍是一種「有我」的現象，就中國舞蹈文化的身體情態
　　而言，「無我」可以說是「忘我」，在身體運行之中忘却了四肢形
　　體與時間、空間的相對性，而擴大了同一性。

　　在"寫境"與"造境"、"有我之境"與"無我之境"、"隔"與
"不隔"的區別上是有某種程度的相似性，而舞蹈藝術在動態的不確定
性本質上，對於"意境"的掌握亦是艱難的。對於藝術境界而言絕對無
法一刀切，沒有絕對的"隔"也沒有絕對的"不隔"，是藉由主觀的觀
察，以我觀物爲出發，若以物觀物也是以我爲主的觀物，這二者僅在於
主觀情感程度之差異。所以中國舞蹈身體文化所追求的境界最後仍得被
消解，這才是真正境界的獲致，才能確實地自由、自在、自然地和諧
運用身體，呈現真切的「道」的精神。

第三章　中國舞蹈的身體表現

第一節　引言

「舞蹈是一種以人的身體動作、姿勢所呈現的藝術表現，是身體時空與心靈時空的融合，亦是身體表現與心靈表現的綜合體，是擁有無限時空範域的藝術」，[1]因此，這樣的身體表現的概念是一種身與心交互滲透的作用，這一現象在非口語化的舞蹈藝術中更為顯著。舞蹈的身體表現當然是一種溝通的語言，只是這種語言體系不同於人們慣於使用的口語化語言，它不一定具備邏輯序列性，而是以一種曖昧的、含混的身體為媒介來傳達舞蹈。

美學大師宗白華認為，「舞蹈為綜合時空的純形藝術，所以能為一切藝術的根本形態」，[2]時間與空間的可變性呈現出多元的舞蹈藝術形態。在此，人們內心情感透過身體舞姿，以象徵性的舞蹈符號被表現。空間的虛擬性和時間的變異性都被包含在此象徵性的舞蹈符號中。例如敦煌舞蹈，由人們對宗教的情感投射及對神話傳說的信仰，衍生出關於飛天菩薩的優美舞姿的意象，進而創造出 S 形體態的象徵性符號，此時的時間與空間都被包含在這些蘊涵著獨特宗教情懷的 S 型舞蹈符號中。當舞者在表現敦煌舞蹈時，必須體會這些積澱在身體之中的歷史情感，將身體置入虛幻想像的佛教世界空間裡，而這些特殊的文化情感早已被印記

---

[1] 蕭君玲、鄭仕一，〈從梅洛龐蒂的"身體知覺"探討舞蹈藝術〉，《大專體育雙月刊》，79（2005）：84-89。

[2] 宗白華，《宗白華全集第二卷》（安徽：安徽教育出版社，1994），

到身體跡象當中，所以舞者能很自然的表現出慈悲與自在的感覺，這是時間與空間同時被凝結在虛幻舞蹈作品中的表現。

中國舞蹈身體表現的分析是複雜困難且難以全面性的，由於舞蹈是一種動態性的藝術形式，對它的分析就顯得困難且多視角，而中國舞蹈藝術又源於豐碩的中國文化，所以受文化層次影響的探討亦不可缺乏，諸如「以形寫神」、「形神合一」、「以虛用實」、「寫意性表現」、「氣韻生動」等概念的探究，所以借用一些哲學、美學方法分析是必要的。本章對於中國舞蹈「身體表現」的論述，運用現象學「部分與整體」、「多重與同一」、「顯現與不顯現」等論點，從不同視角切入，再輔以筆者實際的舞蹈創作經驗與觀點相互論述印證，深入地解析中國舞蹈身體表現的現象。中國舞蹈以身體為主要的表現媒介，除了注重身體動作與舞台時空的聯結關係之外，同時相當重視主導身體動作的內在心理意識。如敦煌舞、水袖舞、劍舞、或民間舞等等。在表現上，其心靈情感與身體動作有著不可分割與互為作用的特性，情感與動作之間是緊密聯系的。舞者內在的心理時空的作用力如「情」般地引動著身體的舞姿，身體的舞姿又不斷地向內回饋，一次又一次地給予心靈注入新的感知元素，內在心理與外在肢體不斷地相互作用並持續變動著，這既是「部分」也關涉「整體」，既是「多重」的又是「同一的」，既是「顯現的」又是「不顯現的」，這是本章所要探討的重點之一。

舞蹈是動態且以身體動作為語言符號的藝術形態，它含混曖昧的表現特性，並不如戲劇般地易於理解，而且它是身體與心靈同時作用的。即使西方舞蹈某些派別強調動作就是動作，不須為任何理由服務。或以擲銅板的方式來當舞蹈段落的先後次序，運用機率說解構早期的西方編舞結構問題，或純粹以肢體動作為主，探討動力在身體各部位轉換所造成的不同影響變化等。雖然刻意標榜動作只是動作，不說故事也不談情

感，但他還是心靈意識與動作同時作用的表現，因任何的動作，身與心是同時作用的。因此，探究舞蹈身體表現，就必須探究這存在於心靈情感意識與動作之間的「身體」。或許可以說，此種「身體」存在於變動的中介層，它忙碌地處理心理時空與現實時空的相互作用力，它是時間與空間交織的虛擬世界的表現。

「由於身與心的不可分割性與同時作用性，若將心靈作用脫離身體而單獨論述，則易落於絕斷之誤」。[1]身體的心靈作用如「情」一般的無固定形態，「情」意指心靈意識如氣漾能量一般的波動現象，成為一種內外呼應的作用現象。且「情」般的變化體態是曖昧性的、含混不明確的，但每一變化都蘊藏著作用力。所以舞蹈的動作，是不能脫離心靈情感而單獨存在的，不論多麼強調純動作的舞蹈都無法例外，因身體與心靈不能被分割為二而獨立運作。

例如敦煌舞蹈三道彎體態的呈現（如圖 3-1），除了身體的 S 型視覺美感外，更透過身體多曲線的平衡張力，和諧的美感，強調佛教世界的平等與和諧。這是心靈時空所感受的和諧美感，它亦增強了三道彎的平衡體態美，這二者之間存在著互動作用。這種感知與身體表現，在非語音的舞蹈藝術上顯得更為明顯，這種外在顯現的肢體美感與內在不顯現的心靈感知，在本質上體現了現象學理論「顯現」與「不顯現」的特質，對於舞蹈身體表現的曖昧性是值得玩味與研究的。

既然舞蹈藝術是外在的現實時空與內在的心理時空互相融合，其作品所展現的藝術情境，不論是面對在場顯現或不在場顯現的事物，它總是相互發生作用的，它甚至發生在創作者與舞者之間，創作者的藝術理念與想法在雙方互動時產生作用，例如當編舞者把感覺傳達給舞者時，

---

[1] 蕭君玲、鄭仕一，〈從梅洛龐蒂"身體知覺"探討舞蹈藝術〉，《大專體育》，79（2005）：84-89。

此時編舞者是主體，而當舞者獲得訊息與自我意識融合後，是以舞者為主體的，此一來一往的反覆磨合，經由創作者的引導，舞者再次回饋，舞蹈作品的理念傳遞就在創作者與舞者之間不斷發生著。

　　因此，不論在編舞者與舞者之間，或是舞者自身內外在的顯現問題，中國舞蹈身體表現都蘊含著種種的曖昧性的作用，這些作用是值得探討與分析的。以下是運用部分與整體、多重與同一及顯現與不顯現三個現象學的理論來論證舞蹈的曖昧性身體表現，並探討中國舞蹈在傳統與創新的範疇下，其身體表現的傳承與發展。

圖 3-1　蕭君玲 2003 作品《淨》
攝影：蔡德茂

第二節　部分與整體（parts and wholes）

─片段與環節（pieces and moments）

「整體可以分出不同的部分（parts）：片段（pieces）與環節（moments）。片段即使不在其所屬的整體中也還能存在，也能讓人把它呈現；片段可以從整體中脫離出來。因此，片段可以被稱作**可獨立部分**」。[1]舉例來說，一個舞蹈作品，包含著許許多多不同動作，每一個動作可以離開作品成為一個獨立存在的舞蹈動作，然而當它離開作品而獨立存在，那麼它就脫離了作品的生命意義，而成就另一個意義的動作。也就是說，「當一個片段與其整體分離，它就自成一個整體，不再是一個部分」。[2]

「環節則是無法脫離其所屬整體而存在而呈現的部分；它們無法被抽出。環節是非獨立部分」，[3]就舞蹈而言，動作無法脫離身體而存在，身體無法脫離意識而存在，每一時刻都是身心相互作用的表現，這種身體表現表示著「變動性的存在」，其身體的動作、意識二者相互作用而融合一體。又例如動作無法脫離空間、時間而單獨存在；中國舞蹈若脫離了所有的傳統元素，那麼它就不是中國舞蹈。中國舞蹈的創新有著雙重意義：其一是以傳統動作元素為基礎，融合當代精神思維，將中國舞蹈作出創新的發展，前提必須以傳統動作元素為基石進行創新發展；其二

---

[1] 羅伯‧索科羅斯基（Robert Sokolowski）著，《現象學十四講（Introduction to phenomenology）》（李維倫譯）（台北：心靈工坊，2005），44-45。

[2] 羅伯‧索科羅斯基（Robert Sokolowski）著，《現象學十四講（Introduction to phenomenology）》（李維倫譯）（台北：心靈工坊，2005），45。

[3] 羅伯‧索科羅斯基（Robert Sokolowski）著，《現象學十四講（Introduction to phenomenology）》（李維倫譯）（台北：心靈工坊，2005），45。

是取其傳統精神為基礎，以當代審美思潮為主的創作。是較大程度地脫離，以適合的動作語彙呈現舞蹈主題，而不依循傳統套路來做動作的串連，它可能完全不同於傳統中國舞蹈的面貌，但卻仍是具有文化情感與精神意義。廣義而言，他們都是在傳統根源上的一種生發，不同的是所生發出來的形態有所差異，這是當代中國舞蹈發展的必然趨勢，亦是多元文化交融的現象。中國舞蹈的發展在於「新意」，但對於中國傳統中國舞蹈必須要有深入的了解體驗，不可躁進為之。如戲曲美學家李漁對「新」的詮釋：

> 意新語新而又字句皆新，是謂諸美皆備，由《武》而進於
> 《韶》矣[1]。
> 文字莫不貴新，而詞為尤甚。不新可以不作。意新為上，
> 語新次之，字句之新又次之。所謂意新者，非於尋常聞見
> 之外，別有所聞所見，而後謂之新也。
> 所最忌者，不能於淺近處求新，而於一切古塚秘笈之中，
> 搜其隱事僻句及人所不經見之冷字，入於詞中，以示新豔。
> 高則高、貴則貴矣，其如人之不欲見何？[2]

「新意」與「傳統」是伴隨相生的，並無完整不變的傳統，也無完全的創新，「世界是無窮盡的，生命是無窮盡的，藝術的境界也是無窮盡的。歷史上向前進一步的進展，往往是伴著向後一步的深本究源」，[3]中國舞蹈的創新發展，無論如何總是在傳統根基上的一種生發，由遠古時

---

[1] 孔子《論語・八佾》：子謂《韶》：盡美矣，又盡善也；謂《武》：盡美矣，未盡善也。《韶》，舜時樂曲。《武》，武王時樂曲。這裡借喻由不盡完美達到盡善盡美。

[2] 于　民、孫通海，《中國古典美學舉要》（安徽：安徽教育出版社，2002），822。

[3] 宗白華，《美學散步》（上海：上海人民出版社，2005），118。

期與宗教密切相關的舞蹈，發展至後來的宮廷與民間舞蹈的形式，再逐漸發展至注重藝術性創意的舞蹈，這些都必須在傳統根基上發展。歷史上的許多例子亦如此，例如「李、杜的天才，不忘轉益多師。十六世紀的文藝復興追摹著希臘，十九世紀的浪漫主義憧景著中古。二十世紀的新派且溯源到原始藝術的渾樸天真」。[1]

　　不同的舞蹈作品有著不同的肢體動作展現，而動作必須藉由身體來體現，每一個動作都具備了不同的質感、速度、力量、空間與時間等，但這些都源自於身體，身體所表現又與心靈意識環環相連。台北民族舞團蔡麗華教授的作品 2000 年「異色蓮想」裡的最後一幕「菩提」（圖 3-2）與 2005 年「香火」的第一幕「序曲」（圖 3-3），都是運用緩慢、柔軟且綿長的動作質地來表現該舞蹈主題。但在「菩提」作品中舞者要表現的是菩薩在極樂淨土裡悠游自在的感覺；「香火」則是必須呈現出眾生虔誠求道的進香過程。雖然是相同的身體質地，但舞者的心靈意識將兩個同樣質地的動作做出表現上的區別，決定了這兩個舞碼的差異性。所以心靈意識是可以影響動作的傳達性，但它也無法脫離身體而存在，因它們是環節問題，「環節若不與其他環節在一起便無法存在」，[2] 二者是相互影響，密不可分的。

---

[1] 宗白華，《美學散步》（上海：上海人民出版社，2005），118。
[2] 羅伯‧索科羅斯基（Robert Sokolowski）著，《現象學十四講（Introduction to phenomenology）》（李維倫譯）（台北：心靈工坊，2005），45。

圖 3-2　台北民族舞團作品《異色蓮想－菩提》
編舞：蔡麗華；攝影：張國治

圖 3-3　台北民族舞團作品《香火》第一幕序曲
編舞：蔡麗華；攝影：蔡德茂

　　舞蹈是一種非語音的身體表現藝術，動作的表現可以是人表現物的狀態，如人表現金屬的冰冷感覺，或表現樹木的生意盎然，或模擬動物的狀態，包括有生命與無生命的物質。也可以是人表現人的狀態，直接從生活中經過美化、藝術化後較具體的呈現。不論表現什麼，都必有心智意向的存在。心智是具備意向性的，人們時常不自覺地「意向」著一些虛幻的對象，它們可能從未發生過或從未真正被理解清楚的，人們意向著所想像的對象，意向著遠離實證的神祕世界。因此，「心智根本上是與其對象事物相關聯的。心智本質上是意向性的。根本沒有我們如何能夠抵達心智之外的世界的問題，因為打從一開始，心智就不應該與世界分開來，心智與事物互相是對方的環節」。[1]

　　對舞蹈而言，所有的動作都必然具備心智意向性，或許某些現代舞強調動作是不著情感色彩的、純然的肢體表現，即使是這樣，這些動作舞姿都一樣地具備了心智意向性，因為心智與肢體表現是環節問題，而非片斷問題，肢體表現並不能獨立於心智意向性之外。例如筆者本身的經驗，當筆者處於編舞者的角色時，對舞者循序漸進的引導常是先以身心二分的對待，筆者預先設計了一種身心融合的目標，先訓練其肢體外型、動作姿勢，此時舞者的狀態是身體達到了創作者預訂的目標，最後再導入情感意識，或反之，最終的呈現則是身心二者合一的。但若以舞者為主體，則每一時刻都是身心合一的，是具有意向性的，肢體表現無法獨立於心智之外而存在的。就如同舞蹈無法離開時間、空間、力量，時間與力量的交互作用可製造出各種不同的身體節奏，快、慢、強、弱，動作與空間的關係，大、小、高、低、遠、近，這些都是環節問題。

　　「舞蹈身體表現」的概念也是基於環節概念的基礎上而提出的，心

[1]　羅伯・索科羅斯基（Robert Sokolowski）著，《現象學十四講（Introduction to phenomenology）》（李維倫譯）（台北：心靈工坊，2005），48。

智意向性並無法以任何具體的形式被完整描述、被感官知覺捕捉，能被描述的也只是冰山一角。心智意向性卻也不是絕對無形的，任何心智意向的發生，都會在身體上產生作用力，身體可能自覺的，也可能不自覺給出反應，心智意向能以任何可能的方式給予身體作用力。

　　例如筆者在台北民族舞團 2000 年度公演《菩提》當中，體悟到心智意向對舞蹈身體表現的影響。舞者要能自在地在舞台上表演，情感完全投入至身體表現中，這得經歷一個由自覺心智意向到不自覺心智意向的過程。這二者在舞蹈身體表現中，有些心智意向是經驗性的，有些則是非經驗性的，前者指的是日常生活中曾經歷過的經驗，後者指的是由創作者虛構出來的想像世界，它可能是日常具體生活中無法經驗到的世界。但不論如何，一個好的舞蹈表演者，舞者必須將自覺的心智意向，透過不斷地練習，將身體舞姿與心智意向徹底地融合，身體舞姿的每一個動作都是情感的引動，舞者不再自覺地意識到下一個動作是什麼？下一個方向是什麼？進入一種純然地舞蹈著的境界，這已是一個早已熟悉的虛幻境界，如此，藝術的思惟透過舞蹈的身體符號而呈現。例如，當舞者在表現敦煌舞蹈時，舞者對這些飛天仙女或菩薩的經驗是虛幻想像的、不曾在場的，但對於敦煌舞蹈而言，對這些不在場經驗的想像與領悟是敦煌舞整體的一部分，身體舞姿與心智意向這是不可切割而獨立在的環節（moments），而非片段（parts）。例如「樹葉與果實可以從生長的樹上離開，但它們仍然可以是獨立的物體。一個片段，一個可獨立部分，也是一個可以成為具體個體者的部分；在另一方面，環節就不能成為具體者。環節不論在什麼情況下被經驗到，都是搭著其他的環節在一起」。
[1]

---

[1]　羅伯・索科羅斯基（Robert Sokolowski）著，《現象學十四講（Introduction to phenomenology）》（李維倫譯）（台北：心靈工坊，2005），45。

　　而對於中國舞蹈的傳統與創新，是以片斷或環節來看待？這是非常關鍵的問題。關於中國舞蹈身體表現的傳統與創新發展，運用哲學的分析方法，可以把許多看似複雜的問題變得單純，「哲學分析就是在弄清楚種種不同的環節部分如何建構出一個整體」。[1]從片段與環節的視角，中國舞蹈身體表現是立基於中國文化、情感、審美等範疇上，因此，其心智意向必由這些範疇出發而發展，其身體的各種感官知覺，如聽覺、視覺等等，亦識從這歷史文化的想像情感而發生，同時結合了當代主體經驗而形成了中國舞蹈的身體表現。上述這些都是環節問題，各種傳統與創新的矛盾或爭議，其實都在此環節分析中透視了。因爲傳統的問題就如環節一樣與當代思維聯結在一起而無法切割。任何對傳統的詮釋都是立基於當代思維，這樣的前提下，所作出的傳統舞蹈都是一種創新再現，故傳統與創新本質上是環節問題。若將傳統與創新視爲片段問題，矛盾就會發生，對於中國舞蹈的創作者而言，這無疑是最錯誤也是最殘酷逼迫。因此，透過哲學分析，能夠讓中國舞蹈免於陷落此矛盾中，這就有如人們常將靈魂（或稱作心靈）與身體分開來看，以爲它們是片段問題；事實上，「靈魂是屬環節性的，與身體有著根本上的關聯，它立基於身體，使之有生氣，能判斷，在其中它可以表達。人類是生氣活潑的身體，而不是物質化的精神」。[2]由於舞蹈與戲劇不同，它是非語音系統的動態藝術，具有抽象性的表顯手法，透過身體的各種姿勢動作來表達意義，中國舞蹈注重提煉藝術的形式，以更宏觀的視角，創造虛幻的、擬人化的情感，身體動作的設計與實際的表現，都強調需完整作到身心融爲一體的目標。所以「中國舞蹈身體表現」是由內在引動到肢體外型或由外在

---

[1] 羅伯・索科羅斯基（Robert Sokolowski）著，《現象學十四講（Introduction to phenomenology）》（李維倫譯）（台北：心靈工坊，2005），49。

[2] 羅伯・索科羅斯基（Robert Sokolowski）著，《現象學十四講（Introduction to phenomenology）》（李維倫譯）（台北：心靈工坊，2005），45。

的肢體動作來改變心理情感的動態藝術。身心是同時作用的。這就有如沒有空間、時間與力量的存在,身體的運動是無法呈現的。

　　傳統藝術強調「形式規律,注重傳統的慣例和模本,追求程式化、類型化,著意形式結構的井然有序和反復鞏固。所有這些,都是爲了提煉出美的純粹形式,以直接錘煉和塑造人的情感」。[1]程式化只是中國舞蹈表現的方式之一,但這並不是繼承傳統的唯一方法。因此對於中國舞蹈的創作,是必須考量此問題,不能一味的爲了保存傳統而將前人創作的慣例與模本鞏固,這將會阻礙中國舞的發展。關於於中國舞的創作,可以運用宏觀、微觀的視角,例如運用中國舞蹈中某一動作元素進行創作,例如古典舞的圓曲擰傾;民間舞的屈膝、擺胯或 s 型體態等元素,賦予其元素新的表現意義。

　　筆者 2004 年創作的作品《落櫻》(圖 3-4、3-5)即是運用山東膠州秧歌的基本元素碾、擰、撐、韌,其核心主題爲"落於傳統與現代之隙縫中的女性",以此主題發展並表現著被矛盾壓迫的、極欲爭脫束縛的沉重情感,整個上半段舞蹈作品的肢體動作都表現著沉重、緊繃的強烈張力,動作充滿著壓抑、沉重的特點,很符合輾、擰、撐、韌的動作特質。透過核心情感的發展脈絡,將肢體與情緒堆積至高處爆發。在舞蹈作品的最後段落表現著爭脫後自由的、輕柔的、和諧的肢體美感。筆者並不是將傳統的基本動作全部挪用,而是運用適合的動作質地表現舞蹈主題,它是直接訴之於人的心靈的。既有傳統的動作元素,又賦予動作時代的新意義,既有代表地域性舞蹈的舞姿特色,又有當代舞者的詮釋思維。因任何對傳統的詮釋都是立基於當代思維,這樣的前提下,所作出的傳統舞蹈都是一種創新再現,這些都是環節問題。「環節是無法脫離其所屬

---

[1] 宗白華,《華夏美學》(天津:天津社會科學出版社,2001),49。

整體而存在而呈現的部份；他們無法被抽出」[1]。

圖 3-4、3-5 蕭君玲 2004 作品《落櫻》

攝影：黃浩良

---

[1] 羅伯・索科羅斯基（Robert Sokolowski）著，《現象學十四講（Introduction to phenomenology）》（李維倫譯）（台北：心靈工坊，2005），45。

另外身體也可以從歷代某一時期的民族文化情感，結合當代舞蹈特色，隱喻性指涉當代民族意識或社會生活的現象，在 2006 年筆者也試著嘗試以漢代畫像磚的舞蹈形象，結合歷史當代的社會背景所創造出筆者虛幻想像的漢代舞伎生活景象，創作出《倚羅吟》。在創作的過程中發現必須讓舞者傾聽自己聲音，感受自然的情感。畢竟舞者的身體訓練、觀念思維與漢代歷史民族意識有很大的差異，現在舞者肢體的多元訓練、環境因素的影響、科技資訊發達的快速刺激使舞者的身體能力與思維更多元豐富，這些都是相互影響的因素。這是立基於傳統藝術根基進行的創作，是傳統藝術的當代發展。對於中國舞蹈我們應保持文化傳統並提煉出新語彙的美的形式，這是傳承的重要部分。「這美的形式正是人化了的自然情感的形式。這個形式使人具有了一個心理的本體存在。人在這個本體中認同自己是屬於超生物性族類的普遍存在者」，[1]當然，中國舞蹈的傳統動作形式是必須小心地保護與傳承，任何的中國舞的創作也應在傳統的根源上進行發展，否則就不是中國舞蹈藝術的表現了。

在當今的藝術思潮中，舞蹈本身是動態的藝術，它表現著所有可能發生的事情，將其更單純抽象化或更誇張複雜化。所以就一個已完成的舞蹈作品而言，常會運用舞台設計、服裝、道具、音樂與燈光佈景等，來加強舞蹈表現性。例如筆者在 2005 年編創的《奼紫‧嫣紅》（圖 3-6、3-7）以崑曲《牡丹亭》為題材背景。整個作品透過較強的虛幻手法創造極大空間的隱喻性，作品要求高度的意境表現力，大部份的舞蹈動作都以「輕、緩、圓、柔」為主，試圖形塑出一種穿越時空進入前世思情的情感中，男舞者則以燈光投射其身影於天幕上，隱喻性地表現是存在於虛幻中的對象。在舞台上的呈現是透過各種不同具實的「象」交織繪構出創作者意象中的虛幻之境。這是穿越時空的藝術創作，其中運用了舞

---

[1] 李澤厚，《華夏美學》（天津：天津社會科學出版社，2001），49。

圖 3-6、3-7 蕭君玲 2005 作品《妊紫・嫣紅》

攝影：黃浩良

台特性，由舞台上方不斷飄落著紙片，看似在夢幻中的紫色花雨，強化了古今時空重疊的幻境。此作品中所有的元素，包括舞者、音樂（崑曲唱腔）、舞蹈動作、燈光、道具、服裝、紙花、佈景（天幕上的字畫）、（紫色布幔）所有元素缺一不可，每一個都是使作品具有生命意義的「環節」。

在當今的藝術思潮中，俄國的凱薩琳堡舞蹈劇場來台演出時，其節目冊中文字可見其舞台、燈光與服裝設計與肢體動作的關鍵性：

> 舞蹈的本身，原就像一件充滿創意的裝置藝術，看似充斥著無止盡的混亂、循環與翻轉。舞者身著不怎麼適合跳舞的服裝、配合舞台上忽明忽暗的燈光、細膩而層次分明的擬態動作，時而看似西洋棋子，又似中國娃娃，又似活動敏捷的懸絲木偶。舞者們的姿勢與動作創造出一股奇幻的氛圍，一方面是因為他們緩慢卻充滿魔力的舞台演出，另一方面是因為其毀滅性的美感。這部舞作是一趟奇幻國度之旅，彷若是一個充滿各式旋律、瑰麗景象與美妙回憶的音樂盒。[1]

這無非運用各種舞台效果創造一種虛幻意象，使欣賞者在此虛幻的意象中感受此舞蹈魅力。舞台燈光設計當然可以成為片段而獨立存在，那又為何說它們是環節問題呢？這是指在尚未與作品緊密地結合在一起時，它們是片段問題，但當一切創作與設計都明確地融合在一起時，它們已創造出一個新的藝術生命，就這個藝術生命而言，它們都成為「環節」的關聯了。

中國舞蹈蘊涵著豐富的歷史生命，舞者在表現中國舞蹈時，其心智

---

[1] 凱薩琳堡舞蹈劇場（Provincial Dances Theatre），《Lazy Susan》（台北：國家劇院演出，2005），節目冊舞作介紹。

意向至少有二個以上不同的面向，一是對於傳統文化的虛幻想像，一是當下生命的自主意向，於是傳統生命與當下生命就在此被融合了。但是，對於傳統文化的想象，仍有著許許多多的差異，此差異存在於不同的空間、不同的時間。包括橫向地域性文化舞蹈的差異與縱向歷史朝代脈絡的區別，中國舞蹈蘊涵著數千年的歷史生命，此歷史的審美情感與藝術之思都積澱在文化沃土中，成爲中國舞蹈發展的生命能量，所以要理解分析中國舞蹈的審美意象是不能避開包含歷史文化、當代思維的雙重作用。

第三節　多重與同一（manifold and identity）

　　舞蹈藝術是內在心靈情感外化於身體表現的一種人類本能藝術。而舞蹈創作，所追求的亦是人生某一層面的純然境界，此境界是一種經過虛幻想像的藝術呈現。不同種類的舞蹈，如芭蕾、民族舞、現代舞，都是以動作與意識為主體的表現，而這些是所謂的舞蹈的「同一性」。

　　關於舞蹈的同一性，民族舞與現代舞相同以現實生活為題材；在民族舞的表現上，有對現實生活作生動真實的模擬。例如台北民族舞團蔡麗華教授所創作的《慶神醮》（如圖 3-8）將台灣早期廟會情景如宋江陣、八家將、婆姐與農業時代的牛犁陣、車鼓陣、跳鼓陣、跑旱船等的表演形式，以田野調查的方法，將現實生活情景美化並做生動真實的模擬與提煉。而對於相同的以現實生活為題材，現代舞對現實生活的模擬與反思更於激烈、露骨，歐洲編舞家傑宏貝爾有了更大膽的實驗，舞台上四名全裸男女表演者，用雙手拉著自己的皮膚，拿著口紅在彼此身體上作畫塗鴉，最後甚至在舞台上撒尿，將隱私的肉體毫無修飾地曝露在舞臺上，它試圖剝去舞蹈美化的表相而呈現各種的可能性，挑戰觀眾對舞蹈審美的慣性，屬於實驗性的劇場表演藝術，當然這也是對現實生活的反思所提出的一種爭議性舞蹈表現。就舞蹈的同一性而言，不論那一種類的舞蹈創作，都必須以身體為媒介，以動作與意識的融合為表現主體；換言之，各類舞蹈形式與內容則是舞蹈的多重表現之一。

圖 3-8 蔡麗華作品《慶神醮》
攝影：李明訓

「同一個事實可以由多重的方式來表達，而事實本身並不等同於各個表達形式」。[1]例如雲門舞集的《水月》1998 年 11 月 18 日於台北國家戲劇院首演。編舞者由「鏡花水月畢竟總成空」的偈語獲得靈感作舞。舞蹈動作元素則是以熊衛先生所創「太極導引」的原理做為發展，運用「太極導引」的身體原理只是「水月」的身體使用方式之一。「太極導引」是《水月》舞蹈作品中的重要元素，但並不能說「太極導引」等同《水月》；反而言之，《水月》也可以不必運用「太極導引」的元素，

---

[1] 羅伯·索科羅斯基（Robert Sokolowski）著，《現象學十四講（Introduction to phenomenology）》（李維倫譯）（台北：心靈工坊，2005），52。

而改以其他的動作元素來表現，或是「太極導引」的身體質地也可以呈現出其他的舞蹈作品。台北民族舞團 2000 年的年度公演《異色蓮想》(如圖 3-9)，即是運用太極導引與敦煌舞蹈兩種元素融合，傳達佛教的理想境地。

圖 3-9　蔡麗華 2000 年作品《異色蓮想》

攝影：李明訓

相同地融合太極導引的身體而創作的《行草》，林懷民先生認為：「長期沉潛在太極導引，拳術和靜坐的雲門舞者，以連綿不斷，呼吸有致的肢體，在有如宣紙的素天白地中，舞出流麗的書法狂想曲。《狂草》是林懷民在《行草》、《行草貳》之後，繼續由書法美學汲取靈感而作

的《行草三部曲》終結篇」。[1]這些都是運用「太極導引」的同一性創作不同形式與風格作品的多重呈現。

對於中國舞蹈而言，同一性指的是立基於中國文化基礎下發展的舞蹈精神內容，多重呈現則意謂著中國舞的各種形式與風格。筆者認為，中國傳統文化精神與當代審美意象的融合，對中國舞蹈的創作是非常重要且相當有價值的，這是在同一性的基礎下所發展的多重呈現。由於舞蹈藝術不同於一般藝術，在創作作品之後，各種因素的配合，如舞台設計、服裝、燈光、音樂、舞者等的搭配始能完善表現，這是一種動態的藝術性表現。每一次的演出都是瞬間即逝，每一場演出都不相同於上一場的演出，這關係到表演者與所有現實環境無法控制的變動因素。因此，舞蹈藝術在表現上有著「變動性」的本質，同樣的一個作品，有可能因為配合因素的變動而改變了對境界的表現層次，「日本舞踏表演藝術家，大野一雄、土方巽、田中泯的演出，經常因為現場氛圍的刺激，而改變他們部份的演出內容。」[2]所以舞蹈創作的每一次演出，都只為了完美的「存活一次」。下一次相同作品呈現是不會與前一次表現完全一樣的，這也是多重呈現的意義之一。

> 由多重表象所呈現出來的同一性與那些多重表象是分屬於不同的層次面向。同一性並不是多重中的一個：立方體不是面相或輪廓中之一，意義不是所說出的句子，戲劇本身並不只是它的一場演出而已。同一性超越了它的多重呈現，前者超越了後者。同一性也並非是多重表相的總和。[3]

---

[1] 雲門舞集網站。http://www.cloudgate.org.tw/cg/works/index.php?id=9。

[2] 李立亨著，《我的看舞隨身書》（台北：天下遠見，2000），135。

[3] 羅伯・索科羅斯基（Robert Sokolowski）著，《現象學十四講（Introduction to

　　中國文化是一個多元且包容性極大的文化體系，印度佛教傳入中國後與中國儒家、道家進行了徹底的融合，即是一例。因此，敦煌舞蹈也自然地不同於印度舞，相同是敦煌舞蹈在兩岸的發展也有所不同，這自然是空間的不同而產生的多重呈現。另外，因為時間的不同，也會產生多重呈現的現象，所以在歷史長河的時間線上，每一個時段的舞蹈發展與審美意象都是不同的，中國舞蹈的創作在當今是必須高度地結合當代的審美意象，以此為立足點，在既往的歷史時空中儘情的想像，這是將中國舞蹈不斷地向前推展的關鍵。

　　當然，中國舞蹈的同一性狀態是難以掌握的，但是可以明確的是，它必須與現代舞、芭蕾舞作出區別來。若我們要從任何關於中國舞蹈的表象來掌握同一性，這是困難的，「同一性不是我們可以用手觸及或是拿到眼前來看的東西。它難以把握。然而我們知道同一性不能被化約為表象之一」。[1] 事物是具備多重呈現的規律，而多重呈現並不只限定於我們肉眼所見，許多未見或未來可能發生之事物，也可能是事物的多重呈現現象之一。對於中國舞蹈創作而言，我們永遠不知道許許多多的創作者，其審美意象的空間有多大！我們無法站在傳統的立場來阻止這種創新的發展趨勢，因為，「事物的顯現總是有所保留」，[2] 人們不可感知的無意識層永遠比可感知的意識層大，人們總是能不斷地發現事物的新表象，更何況是藝術領域的生發。事物的同一性總是保持著「可能性」，「同一性總是既顯露又遮蔽其自身。事物總是能有以不同方式顯現的可能性」。[3] 例

phenomenology)》（李維倫譯）（台北：心靈工坊，2005），55。

[1]　羅伯‧索科羅斯基（Robert Sokolowski）著，《現象學十四講（Introduction to phenomenology)》（李維倫譯）（台北：心靈工坊，2005），55。

[2]　羅伯‧索科羅斯基（Robert Sokolowski）著，《現象學十四講（Introduction to phenomenology)》（李維倫譯）（台北：心靈工坊，2005），52。

[3]　羅伯‧索科羅斯基（Robert Sokolowski）著，《現象學十四講（Introduction to phenomenology)》（李維倫譯）（台北：心靈工坊，2005），55。

如對於敦煌舞蹈的表現，舞者在動態性肢體呈現的同時，相對地會遮蔽了原本壁畫中寧靜的美感，而壁畫中各種凝脂的、斑駁的靜態歷史容顏在這舞蹈形式與流動空間中被隱匿了。換言之，原來被遮蔽的顯現出來，原來顯現的卻被遮蔽了，這個例子說明了同一性是既遮蔽又顯露的雙重性質。

若從時間的視角而言，同樣是漢代舞蹈，在漢代實的表現方式與現今時代的表現方式都有其差異性存在。若從空間的視角而言，同一種類的舞蹈在不同地域的發展也會產生很大的變異性，例如北京舞蹈學院的漢唐古典舞系，在孫穎教授的多年努力與重建下，一系列漢唐歷史人物經由漢畫像磚的古文物中重新建構，依據動勢體態與服裝流動的線條與方向來判斷此靜態圖片及畫像磚體態可能流動的方向。相同的題材因為空間地域所存在的差異性，在台灣呈現出來的樣貌、風格都與中國大陸有著極大的差異。這是必然的現象，所以說事物的同一性有著多重的呈現，因同一性是既顯露又遮蔽的，它會依時間、空間的差異性與對同一事物判斷的角度不同而產生變異。

而中國舞蹈以「形」寫「神」的美學特性亦可說明同一性的多重現象。同一的「形」可以因不同「神」的注入而產生多重的呈現。例如戲曲舞蹈運用很多手部的動作訴說人的情感，如抖手（形），可表示驚慌、緊張、害怕、憤怒、懊惱、悲傷，這些全由表演者所注入的精神情感（神）不同而產生差異。中國舞蹈透過各種身體動作形象來表現各民族特色，中國藝術好以形寫神，以形象寫意性地表現神思意想之境，如顧愷之提出「以形寫神；遷想妙得」：

> 顧愷之要求畫家必須抓住人物形象的典型特徵，以表現人
> 物的內在精神。他說：「四體妍蚩，本無關於妙處，傳神寫

照，正在阿堵中」。這句話反應了畫從繪形到寫神的重大變化，以致形體之似降到次要的地位。

為了把握對象的典型特徵和人物的內在精神。要求畫家不為描繪對象的表面印象所拘，而充分發揮自己的藝術想像，通過廣泛的聯想與想像，捕捉那些足以體現人物精神性格的典型環境和典型特徵，並通過巧妙的手法生動地表現出來。[1]

對於典型特徵與人物內在精神掌握，筆者 2003 年的作品《香讚》，就依循著「信仰與祈禱」為內在精神，S 型體態為典型特徵，藉此表現中國舞「以形寫神」的美學特徵。以變化不斷的 S 型身體動作來詮釋虔信祈禱的心靈意涵，並透過動作與意識的完整融合，將舞者由最初的理智學習推至舞臺上感性純熟的演出，使其身體表現介於可感知的意識層次與不可感知的無意識層次之間。理智表現與感性表現是整個作品由最初的編排練習至最後舞台的完美呈現，這是時間歷時上的多重呈現。舞蹈創作就是在多重呈現的肢體活動中，選擇了最契合內在核心思維來相應，透過巧妙的設計與安排，將同一性的涵意表現出來。

多重呈現在舞蹈表現的實際情形是更為複雜多變的，舞蹈作品的表演者通常不只一人，所以我們必須將考慮數個主體的問題，他們互動且相互作用的情形，這稱為主體際性或主體間性（intersubjectivity）。「當我們把其他可能在場的人考慮進來，把主體際性的向度考慮進來，將會看到更豐富的多重性可能」。[2]不同的主體可能看到的是同一事物，卻看到不同的面向與角度，這是事物多重呈現的現象之一。舞蹈藝術的呈現更

---

[1] 于 民、孫通海，《中國古典美學舉要》（安徽：安徽教育出版社，2002），295-296。
[2] 羅伯・索科羅斯基（Robert Sokolowski）著，《現象學十四講（Introduction to phenomenology）》（李維倫譯）（台北：心靈工坊，2005），56。

是如此，由於舞蹈不同於一般語言表達的方式，身體動作的隱喻性蘊藏著更大的想像空間，因此，它比語言符號更為含混不明確。所以不同的主體欣賞著同一個舞蹈作品，也會有很大的差異。例如許多中國舞的創作，在保守派人士的觀點與年輕一代創作者的觀點就有所不同，對於很多中國舞蹈的傳承與開發，以及身體動作的建構上產生了差異。中國舞蹈的傳統與創新的爭議，也是因這多重呈現而導致。這些都是同一性的多重呈現，這是事物存在的規律，也是不可避免的現象。事實上，解決爭議最好的方法，就是從事物的根源探討著眼，傳承由根源作起，創作亦由根源作起，傳承是為了文化藝術的保護與繼承，創作是為了傳統文化的創新與發展。

若將傳統與創新看作「實與虛」關係，那麼對中國舞蹈而言，應是「出之貴實，而用之貴虛」，這如王驥德對於認識和處理虛實關係曾提出：

> 古戲不論事實，亦不論理之有無可否，於古人事多損益緣飾為之，然尚存梗概。
> 在以古論今強調實不全實、虛不全虛之後，他進一步提出了虛實結合中的難與易和境界高低問題，認為戲曲之道，**出之貴實，而用之貴虛，以實而用實也易，以虛而用實也難。**
> 出之貴實，而用之貴虛，這是戲曲創作的一般規律，即素材來自現實生活中的人和事，而創造出來的藝術形象已不同於原來的人和事。
> 以實而用實也易及以虛而用實也難，這是講塑造形象所採用的手法，由於通過虛幻化的情節（如夢境）而能真實地

反映現實生活需要更高的技巧，所以說它難。[1]

　　虛實關係是中國古典美學的範疇之一，也是中國舞蹈相當注重的審美意象。筆者在 2006 年的創作《倚羅吟》（如圖 3-10），是藉由對漢代畫像磚的虛幻想像，並透過漢代舞蹈的體態形象觀察所發展出的作品。此舞將蘊涵在漢代宮廷中，女性各自為了生存而產生的互相爭鬥又相惜相憐的矛盾情感。從事物的根源探討著眼，傳承由根源作起，創作亦由根源作起，以古代女性形象來隱喻現實生活中女性之間的互動情感，其作品的藝術張力就在於古與今、虛與實之間的多重呈現。

圖 3-10　蕭君玲 2006 年作品《倚羅吟》

攝影：黃浩良

---

[1] 于　民、孫通海，《中國古典美學舉要》（安徽：安徽教育出版社，2002），726-727。

另外，舞者與舞者之間的表現亦是多重呈現的現象，這是主體際性（intersubjectivity）的問題。主體際性亦發生在舞者表演時的互動當中，因此，主體與主體之間是會相互作用與影響的。不同的舞者對於相同的藝術內涵有不同的理解，才使得這個作品的意涵更為多元豐實。因此，藝術內涵的同一性，在不同的舞者身體上，有著多重呈現的意義。「事物為我同時也為他人存在的這個向度本身，更豐富了事物存在的同一性」。[1]

虛與實也是多重呈現的現象之一，這在舞蹈藝術表現上是極為重要的，具實的身體、動作呈現出虛擬的審美意象、情感，虛實互映成了舞蹈藝術重要的結構。中國藝術強調境界，境界則來自於創作者的意象，舞蹈藝術的境界，更立基於舞者的審美意象來引動身體動作。由多重呈現的視角而言，可以區別出境界之差異性，也就是藝術境界的不同是多重呈現的現象，舞蹈藝術創作有較寫實性的，亦有較寫意性的，有繁華盛景的，也有單調純然的，這都是多重呈現的境界。

中國舞蹈的身體表現是注重心靈情感的，是以虛用實的多重呈現，而虛實互映的審美意象是中國舞蹈身體表現的同一性。這樣的審美意象是以虛幻之境來闡述現實的美學詮釋，更是以優美的身體動作，隱喻性地傳達藝術之思。中國舞蹈身體表現的另一個同一性，是重要關鍵且不可或缺的，那就是民族文化的元素，一但脫離這一元素，那中國舞蹈就將失去根基，這是中國舞蹈身體表現最重要的同一性，在此同一性上可以有著各式各樣的多重呈現，也就同時蘊涵了傳承與創新的雙重意義。

---

[1] 羅伯‧索科羅斯基（Robert Sokolowski）著，《現象學十四講（Introduction to phenomenology）》（李維倫譯）（台北：心靈工坊，2005），57。

第四節　顯現與不顯現（presence and absence）

中國舞蹈的藝術內涵不在於外在形體的關注，而在於內在心靈意涵的曖昧性傳達，氣化和諧的藝術內涵在於「不可感之感、不見之見、不聞之聞、無狀之狀」的身體表現。表現哀愁的情感，不一定是悲傷哭泣的寫實性表情與動作，可能是緩緩綿綿、輕緩圓柔的動作質地，也就是寫意性的身體表現。中國舞蹈的身體表現在於對人的一種全面性的整體把握，而非眼所見或耳所聞之片段。中國舞蹈的身體表現是寫意性的，是宏觀的，但身體動作的表現是細緻微觀的。中國舞蹈的身體表現是「綿綿若存，無象之象」的哲學內涵，綿綿若存指氣韻的表現，無象之象指顯現與不顯現的曖昧意象。

中國舞蹈身體表現的另一特點，就是情感化的身體，以不顯現的心靈情感主導在場顯現的身體動作，由虛幻想像到內化的心靈情感，再到身體動作的表現，身體動作成了不在場顯現的顯現形式，象徵著曖昧含混的內在涵意，因此，中國舞蹈藝術注重「美」與「妙」的領悟，這種領悟令人有種由內心湧現的欣喜，難以言語。當然，這是中國舞蹈藝術要求的至高境界，不論在傳統舞蹈的表現，或創新作品的呈現，這種境界是見仁見智，不容易達到的。

要繼續深化中國舞蹈身體表現，我們要從另一個哲學層次來分析，那就是顯現與不顯現的問題。中國舞蹈美學特徵講「以形傳神」、「形神兼備」、「虛實相生」的身體表現為內涵，是心靈引動身體的舞蹈。身體動作是外在形式的，可感知的，顯現的；而心靈意象卻常是內在無形的，是不可明確感知的，是不顯現於外在形式的。但對於這不顯現的心靈時空如何對應於現實的身體時空，這是我們所要研究分析的。

「顯現與不顯現是滿實與空虛意向的對象端連結。空虛意向指的是一個意向，但其意向所指的對象卻是不在的，是不顯現的，是不向當時意向它的人呈現的事物」，[1]也就是不在場之意。不在場又有二層意義，一是不在場但存在於這世間的，另一則是不在場也不存在於這世間的。例如宗教的神祇，以敦煌舞蹈而言，其表現的對象為佛教世界中的飛天仙女或佛菩薩美妙自在的身姿與意境，這是一個空虛意向的對象，是不存在於感知的世界，它存在於虛幻意象中。「滿實意向指的是一個意向，而其所指的對象是在此意向之人的面前具體顯現的」，[2]例如舞者在學習敦煌舞蹈時，經由教師的引導，心中想像著空虛意向的飛天仙女，而當教師親自在舞者面前示範動作時，具體呈現的是教師的示範，因此滿實意向就發生了，滿實意向取代了之前舞者所想像的空虛意向，舞者的學習有了具體明確的對象。當滿實意向發生時，空虛意向並未完全消失，它仍配合著滿實意向而起著作用，由此可知，空虛意向與滿實意向是交互發生且同時存在的。

滿實意向是一種單純的直觀，而不是在種種思維判斷後的意向。「直觀並非神秘或神奇的東西；它簡單地只是指面對一個事物的在場顯現」。[3]一個舞蹈作品的演出，其實是空虛意向與滿實意向交互作用的結果。舞者在未上台演出之時，想像著演出之時的種種情節，這是空虛意向的作用；反之，當舞者實際在舞台上演出時，面對著舞台空間、燈光照射、道具佈景、其他的舞者等，這些都是滿實意向。當然，在這些直觀的滿實意向中，舞蹈的意象仍包含著一定程度的空虛意向，只是此時的空虛

[1] 羅伯‧索科羅斯基（Robert Sokolowski）著，《現象學十四講（Introduction to phenomenology）》（李維倫譯）（台北：心靈工坊，2005），59。

[2] 羅伯‧索科羅斯基（Robert Sokolowski）著，《現象學十四講（Introduction to phenomenology）》（李維倫譯）（台北：心靈工坊，2005），59。

[3] 羅伯‧索科羅斯基（Robert Sokolowski）著，《現象學十四講（Introduction to phenomenology）》（李維倫譯）（台北：心靈工坊，2005），59。

意向已不同於演出前的空虛意向，此時的空虛意向象徵著心靈情感的專注。而舞台上每一位舞者的空虛意向與滿實意向都是不同的，尤其是內在經驗的流動，「一個人的內在經驗總是不向我們顯現的；不論你對我的認識有多深，我內在情感與經驗的流動不可能跟你的內在情感與經驗混在一起」。[1]舞台上的演出，就是這樣地一次又一次地轉化了空虛意向與滿實意向，因為隨著時間點的流動，意向總是會持續變化的。但舞者的滿實意向必須保持著，也就是必須保持著鮮明的直觀，這種單純直觀若被經驗記憶所取代，那舞者演出易落入公式化、僵化的呈現。每一場演出都是新的經驗，舞者們必須保持鮮明單純的直觀，直觀著舞台上的其他舞者的表現、燈光變化、道具使用、佈景轉換等，但這並不意謂著舞者必須專注於這麼多的焦點事物，而是保持一種開放且不預設立場的心態，極度專注於心靈情感的湧現與身體動作的引動。當人們落入了習慣性的經驗時，其行為是被過往經驗所引動影響，無法對每一次的演出，都保持鮮明覺察的心態。

　　「不同的事物有不同的顯現與不顯現的交互作用，而每一種顯現與不顯現的交互作用只屬於某一特定的事物」，[2]在舞蹈演出時，滿實意向是指在場顯現的事物，空虛意向是指不在場顯現的心靈情感。「直觀就是面對著一個在場顯現的事物，而不是意向著一個不顯現的事物」，[3]在舞台上看到一個舞者正在跳著敦煌舞蹈，這是鮮明的滿實意向；而心中想像著佛教世界的自在，這是不顯現的空虛意向，這二者對於舞者在舞台上的演出是同樣重要的。

---

[1] 羅伯・索科羅斯基（Robert Sokolowski）著，《現象學十四講（Introduction to phenomenology）》（李維倫譯）（台北：心靈工坊，2005），60。

[2] 羅伯・索科羅斯基（Robert Sokolowski）著，《現象學十四講（Introduction to phenomenology）》（李維倫譯）（台北：心靈工坊，2005），61。

[3] 羅伯・索科羅斯基（Robert Sokolowski）著，《現象學十四講（Introduction to phenomenology）》（李維倫譯）（台北：心靈工坊，2005），61。

　　空虛意向是虛幻創造的對象；滿實意向是具實可見可感的。中國舞蹈以虛用實，象外之象是中國舞蹈之體，象之所象爲中國舞蹈之用。象外之象是中國舞蹈的藝術之思，象之所象是中國舞蹈的藝術之形。「『象外之象』是唐‧司空圖的美學觀點，是說『象外之象』和『景外之景』都是只可意會不可言傳，同『弦外之音』、『言外之意』相類似，在藝術欣賞之後，留有餘味」。[1]言外之意或得意而忘言是中國古典美學的審美特徵之一。文學家王國維提到的「造境」或「無我之境」指的就是這樣的審美觀點。中國舞蹈的藝術創作應朝這個方向進展，作品在被欣賞之後，能否意猶未盡、留有餘味是考驗著創作者的藝術內涵。舞蹈家林麗珍的作品《花神祭》是以虛用實，象外之象的經典之作。

> 引用動植物的情感，去影射大自然的生死哲學；以抽象的
> 百家花卉、蟲獸行跡作為大自然存亡枯榮的表徵，領悟人
> 生及大自然無極輪迴的永續永生；以「見心明性」的潛修
> 鍛鍊，達到物我兩忘生死超脫，是一場誠敬奉獻天地之生
> 的「諧和祭典」。「花神祭」計分「春芽」、「夏影」、「秋折」、
> 「冬枯」四幕，以生命的萌芽、勃發、潛沉與蕭索，來詮
> 釋大自然四時的變幻及萬物的消長。男女花神全身粉白，
> 臉孔低垂互不相望，卻遙遙心屬；在觀眾的屏息中，舞者
> 的肢體在最寂靜緩慢的移動裡，傳達綿長而撼人的力量。
> 在極富古典詩意的髮尾、布幔、蘆花、風鈴中，「花神祭」
> 的美學傳達的是一種絕美與深沉的痛楚，如林女士所言：

---

[1] 彭　松，〈舞蹈審美漫話－象外之象〉，《名家專欄》，（2005）。

「「花神祭」就是痛至極點的美。」也如紐約時報藝評家 Ms. Anna Kisselgoff 所寫：「林女士的舞作充滿圖畫意象，其對生命本質及啟蒙的追求，正是花神祭的境界。」[1]

　　觀眾看到的是一個情境，而不是一個個的形式動作，但卻能引動觀賞者的聯想與感動，這是舞蹈的言外之意、象外之象、景外之景的經典極緻舞蹈美學。美學家宗白華曾論及：

> 以享受（或創造）的自我與觀賞（或創造）的對象交融，即對象的形態或活動喚起我的情感活動和意向，又消失在全神貫注的觀照中或創造中，而為對象的形態或活動所代替，亦即自身情感與對象形式合而為一。這也是劉勰所描繪的「形象思維」:「神用象通，情變所孕；物以貌求，理以心應」《文心雕龍‧神思》。就是說，美不再只是道德的象徵，而更是情景交融，不再只是人格情操的概念性的符號所建構的情理結構，而是無任何概念性符號可言，直接訴之予情感自身、充滿自由想像的情理結構了。[2]

　　舞蹈藝術就是直接表現情感，自由虛幻地想像的藝術，所以，象外之象的意象就顯得格外重要。象外之象是虛幻的意象，也是舞蹈藝術創作者心中的審美意象，創作者以心中的意象為核心，透過舞蹈動作、服

---

[1] 引自大紀元網站。http://www.epochtimes.com/b5/5/1/3/n768670.htm。
[2] 李澤厚，《華夏美學》（天津：天津社會科學出版社，2001），243。

裝、燈光、舞台的種種運用等，不斷地訓練舞者使其具備創作者心中意象的形態與內涵，最後成就作品。這有如劉勰在《文心雕龍‧神思》篇所云：「玄解之宰，尋聲律而定墨，獨照之匠，窺意象而運斤」[1]。中國舞蹈藝術是以表現情感為核心，不論表現的是大眾情感、個體情感；還是多重情感、單一情感，常以抒情為主。舞蹈創作過程是想像情感、創造情感、捕捉情感、凝聚情感、內化情感，最後外化於身體動作。這是由空虛意向創造滿實意向的過程，是由不在場顯現至在場顯現的過程。在場顯現的是舞蹈身體動作，是表面的顯象，不在場顯現的是舞蹈藝術背後的隱匿之象。隱匿之象是藝術作品的內在核心，是藝術表現的最終目的之一。顯象是明言，隱匿之象則是隱喻，明言即為舞蹈身體動作，隱喻是蘊藏於作品中的思維與情感。例如美學大師宗白華提出的觀點，可見舞蹈是將玄冥的境界以身體動作表現出來的：

> 藝術家……從深不可測的玄冥的體驗中升化而出，行神如空，行氣如虹。在這時只有「舞」，這最緊密的律法和最熱烈的旋動，能使這深不可測的玄冥的境界具象化、肉身化。
>
> [2]

　　玄冥境界就是象外之象的空虛意向，透過舞蹈身體得以具象化、肉身化，而成為象之所象的滿實意向。由於舞蹈藝術的虛幻性，讓創作者的任何虛幻想像都能透過身體得以呈現，而中國舞蹈身體的寫意性，更具意在象外的想像空間，也因此更能感動人心。感官視覺所呈現的是有限的，而深層的意涵則是無限的、無止盡的。若要表現深層的意境，中

---

[1] 于　民、孫通海，《中國古典美學舉要》（安徽：安徽教育出版社，2002），341。
[2] 宗白華，《美學散步》（上海：上海人民出版社，1981）。

國舞蹈的寫意性表現是體會深層意境的關鍵。不在場顯現，並不表示其不真實，舞蹈中虛幻的想像會產生真實的作用，引領著身體動作運行，例如：

> 孔子說：祭如在，祭神如神在《倫語‧八佾》；又說：吾不
> 與祭，如不祭《倫語‧八佾》；這種必須本人親自參加的祭
> 禮，包含著對神的想像的禮敬，是一種對本體存在的超道
> 德的感情態度，是活躍在想像中的神秘情感。[1]

由此可知，藝術想像是藝術作品的重要關鍵，它雖不在場顯現卻有著真實的作用。對於舞蹈而言，這是「立象以盡意」，是想像的真實，透過身體動作傳達藝術想像的虛幻情感。所有虛幻想像都將和現實世界做一定程度的融合。例如儒家哲學就是一個例子，美學家宗白華提到：

> 儒家的宇宙觀以滲透情感為其根本特徵。所謂「日新之謂
> 盛德、生生之謂易」，便既是倫理道德性的，又是審美情感
> 性的。儒家哲學將整個宇宙、自然、天地予以生命化、倫
> 常化、情感化，其中就包含著巨大的想像，只是這想像由
> 原始巫術、神話、宗教的荒誕階段，進到了比德的概念階
> 段，再進到無概念痕跡的情感階段罷了。[2]

中國舞蹈藝術的情感進程，大致也是如此，情感化的身體，以不顯

---

[1] 李澤厚，《華夏美學》（天津：天津社會科學出版社，2001），225-226。
[2] 李澤厚，《華夏美學》（天津：天津社會科學出版社，2001），237-238。

現的心靈情感主導在場顯現的身體動作，由虛幻想像到內化的心靈情感，再外化到身體動作的表現，身體動作成了在場顯現的形式，這是「心靈身體化」的表現。這顯現與不顯現，在場與不在場的身體與心靈相互作用，表現創造出中國藝術「情景交融」的特點，「藝術意境離不開情景交融」，[1]情景交融才能創造移情作用，有了移情作用，藝術作品才具備了動人的意境。

---

[1] 李澤厚，《華夏美學》（天津：天津社會科學出版社，2001），242。

第五節　藝術想像

　　藝術想像創造了虛幻的世界，它源於現實世界又不同於現實世界，想像是創造審美意象的基石，是中國舞蹈身體表現的基源。「"想像"一方面是直觀現象本質的先驗條件之一，一方面又是對相關本質進行理解時的重要方法」，[1] 在舞蹈表現時，身體動作的呈現是築基於虛幻的想像世界之中，借助這想像世界的虛幻性襯托出現實世界中的真實情感，這樣的對比性有著強烈的「藝術本性」。也就是想像的藝術世界是「非現實性的」，胡塞爾（Edmund Husserl）指出：「感知使一個當下的現實顯現給我們，這個現實是當下的並且是現實，……而想像則相反，它缺乏與被想像之物有關的現實意識」。[2] 換言之，一個蘊涵藝術張力，能展現藝術生命的作品，在本質上是「非現實性」的，那麼一個舞蹈藝術創作者，首要任務即是將現實世界的意識加以轉化、虛擬，以強化其藝術張力。

　　中國舞蹈的藝術創作承擔著傳統與創新的雙重使命，因此，需要一種新的思維來進行這樣困難的工作，而現象學「懸擱」的方法本質上與藝術創作的現象是契合的。這對創作者與舞者在掌握具體之「象」與內在虛幻之「象」的相互呼應，並提供了一種有效的路徑。因「藝術家對待世界的態度與現象學家對待世界的態度是相似的」。[3] 此路徑提供了舞蹈藝術創作者、舞者與欣賞者一種進入藝術作品世界的方法，而不是習慣性地以一種既定的預設立場來創作、表演或欣賞舞蹈藝術，或習慣性地將舞蹈藝術視為欲達到某種目的之手段。如德國現象學美學家 Moritz Geiger, 1880-1937 指出的：

---

[1] 龔卓軍，《身體部署－梅洛龐蒂與現象學之後》（台北：心靈工坊，2006），29。

[2] 倪梁康選編，《胡塞爾選集》（上海：上海三聯書店，1997），724。

[3] 倪梁康選編，《胡塞爾選集》（上海：上海三聯書店，1997），1203。

在藝術作品中,存在著一些構成其價值的確定特性。如果有人只把藝術理解成為達到某種目的的手段,那麼他就無法理解藝術。這些價值是作為存在於作品之中,作為被包含在藝術作品之中的特性而被人們體驗(莫里茨・藝格爾,1999)。[1]

「現象學方法的美學開展絕不是一件現成轉換的事情,是一種真正的探索」,[2]現象學的「懸擱」方法,對於舞蹈藝術而言,就在於提供了一種具有原創性,而且不受身體經驗侷限的想像方法。藝術作品中的價值源自於藝術想像的場域,這場域是虛幻性想像所構成的,在本質上,是對現實世界的種種經驗的「懸擱」而轉化的藝術思維,它蘊涵著曖昧性的關係。所以,舞蹈藝術創作過程中總有一種「恍惚」的現象,它既曖昧不明又似乎有著很強烈的感受,這種身體感引領著創作者的想像而成就其作品。關於「想像」,胡塞爾(Edmund Husserl)的現象學還原有二個層次:

> 第一個層次的想像,與知覺、記憶並列,並且三者相互流入,但是想像可以進一步透過其中性變樣,修飾知覺和記憶,並產出「恍若」的存有狀態,因而想像在本質上具有另一個層次的意識意向活動;而第二個層次的想像,是想像可以跳離知覺和記憶的現實脈絡,對非現實事物進行自由想像,這股意識流指向一個超驗的、純虛構的意識對象,使我們可通向日常生活中無法通向的本質直觀。這兩個層次的想像,又以後者的自由想像更直接突顯了想像活動的

---

[1] 莫里茨・藝格爾,《藝術的意味》。(華夏出版社,1999)。
[2] 張祥龍,《從現象學到孔夫子》(北京:商務印書館,2001),368。

「中性化」自由變樣的本質，因此，就現象學的觀點來看，
自由想像在嚴格科學理想中的地位，要優於知覺。自由想
像的虛構更接近本質領域。[1]

自由想像的虛構性在舞蹈創作中，積澱成作品的本質意涵，可以說，
舞蹈藝術是對現實世界做一虛幻想像後的呈現，「想像這個詞，至少是與
它相近的虛構一詞，通常是表示"非現實"，表示捏造，被想像之物只是
虛構，即只是假象」。[2]虛幻性的身體表現是舞蹈藝術的特性，身體舞姿
在虛幻性的運動中結合，時間創造出空間的虛擬性，空間呈現出時間的
變異性，時間與空間在舞蹈藝術表現中呈現出極大的可變性。舞蹈藝術
創作者審美意象的生成，經常是在摒除了大部分的理性思維與判斷的情
況下進行，讓感性思維主導著藝術創作的進行與自由的想像，因此，在
作品尚未完成之前，並無法確定其作品的整體面貌。

感性思維一定程度地「懸擱」了理性判斷，此「懸擱」有如現象學
還原的方法，它是一種中止理性判斷的方法。現象學對於舞蹈藝術而言，
提供了創作者與舞者一個「懸擱」過往經驗的干擾，讓自我進入純然的
感性世界，進行對作品新的詮釋，同時建立新的意象經驗。關於「懸擱」
的意指：

現象學「懸擱」首先意味著由自然態度向現象學態度的轉
變；其次，「懸擱」意味著中止判斷、中立化，即對象實際
存在與否「存而不論」；再次，「懸擱」之目的不是否認世
界存在，而是改變我們對世界的認識，因此，是一種價值
轉換。它對美學和藝術研究的意義在於，排除觀念論與實

---

[1] 龔卓軍，《身體部署－梅洛龐蒂與現象學之後》（台北：心靈工坊，2006），31。
[2] 倪梁康選編，《胡塞爾選集》（上海：上海三聯書店，1997），724。

在論的影響，為我們重新認識和理解美學和藝術現象提供了新的思路和方法。[1]

胡塞爾說，我並不否認或懷疑這個世界，……但要用不加判斷的辦法對它不作任何存在於時間與空間中的斷定，從而使從屬於自然界的所有命題都失去作用。[2]

筆者曾在2004年所創作的作品《落櫻》中，運用現象學的「懸擱」方法來引導學生詮釋作品，運用方法如下：

創作元素為膠州秧歌。創作者希望學生對於此動作元素的所有概念、經驗、判斷全都懸置，膠州秧歌所有的動作、形象、情感、舞蹈架構全都懸置；抽取出它的基本動作元素「踉、擰、撐、韌」，再將此四個動作元素在膠州秧歌的具體概念再次懸擱。如此，留下的只是動作元素的本質特性，也就是說，只是「踉、擰、撐、韌」四個動作，而非膠州秧歌的「踉、擰、撐、韌」。將膠州秧歌的四個主要動作元素徹底還原，這是舞蹈藝術創作之本質直觀的結果。它是純粹的本質表現，創作者將有無限的時間與空間的可能性，賦予它全新的意義或現象，這依存於創作者與舞者的意識情感與表現。被還原的動作元素與創作者、舞者之間的和諧統一，就是一種藝術存在，此存在就是純粹本質的表現，就是最真實的藝術表現。

---

[1] 張永清，〈現象學懸擱在美學和藝術領域中的方法論效應〉，《中國人民大學學報》，4（2003）：147-152。

[2] 夏基松，《現代西方哲學教程》（上海：上海人民出版社，1985）。

胡塞爾（Edmund Husserl）認爲，「現象學的直觀與純粹藝術中的美學直觀是相近的」，[1]現象學的「懸擱」方法，可以有效地使創作者及舞者更接近藝術中的美學直觀，此爲一種「本質直觀」。它使創作者的思維與舞者之身體意識都能良好地融合滲入，不被身體經驗或現實意識所侷限，而導致無法展現藝術想像中的情感。筆者在台北體育學院舞蹈系進行中國舞創作時，曾經試圖「懸擱」舞者的理性經驗，筆者這樣地引導舞者：

> 當妳們在舞蹈時，在做這些動作時，不要將自己過往的舞蹈經驗帶入，不要將某某某在某地跳某人的舞蹈經驗帶入我的作品。把自己當成是可容納任何的一個主體，在這虛幻的空間裡，自然地舞蹈著這些被要求的舞蹈動作與要領。以往妳在做這些舞蹈動作時的經驗都要從頭腦裡消失。

作爲主體表現的創作者與舞者，將既有習慣性、常態性的舞蹈習性「解除」或「懸擱」起來，將習性的干擾降至最低。進而展現出擁有舞蹈身體與深層感性思維的藝術承載者，創作者或舞者的藝術思維成爲一種純粹的意識與情感。此時，創作者與舞者相互交融、統合，所有的藝術想像與舞蹈技能合爲一個整體。

「現象學的真實意圖並不是要取消或否定世界與對象的存在，而是對原有思想觀念與思維方法的終結，具有"破執"的內涵，同時又預示著某種新觀念、新方法、新視角的運用與實踐」。[2]對於一個舞蹈作品而言，

---

[1] 倪梁康選編，《胡塞爾選集》（上海：上海三聯書店，1997），1203。

[2] 張永清，〈現象學懸擱在美學和藝術領域中的方法論效應〉，《中國人民大學學報》，4（2003）：147-152。

「破執」是需要的，創作者首先應「破執」，才能突破舊格局而使作品蘊涵著「新意」，舞者更應「破執」，才能使自身舞蹈的能力發揮更大的可能性，而不被習慣性的身體經驗所侷限。而「現象學懸擱法具有首創性與系統性」，[1]這將有助於創作者與舞者之藝術表現。筆者在 2007 年台北體院舞蹈系年度公演編作《天喚》時，經常在訓練舞者時要求舞者突破身體的慣性，：

> 身體悠然依水而舞，但肢體的每個細胞都處於活躍狀態而持續呈現張力，每個移動都與水的阻力有關，動作因此而變的緩慢。但並非為了緩慢而緩慢，而是「水」的阻力使身體動作變緩了。舞作的最後一段，當舞者身體舞動的節奏到達了某個時間點而需要靜止時，舞者通常習慣性的靜止不動，但我要求舞者必須「懸擱」一般的身體習性，舞蹈視覺畫面停止並非身體動作亦停止。當動作停止時我特別強調舞者身體動作還要繼續延展，如依靠或掉落在一個極柔軟的海棉上，讓身體的氣韻有一種延續性地滲入、穿透。如此，畫面看似靜止，而氣韻卻依然持續延展著。反之，若完全停止，氣韻則容易潰散，身體的張力瞬時消解了，這就無法展現中國舞蹈講究氣韻綿延的美學意境。所以我要求舞者，拍子沒了，動作停止了，氣韻仍然未止，不可斷。

　　對於舞者在表現時的身體慣性，透過現象學「懸擱」方法，可以有效地「破執」，突破身體經驗的習慣性與侷限性。上述這個例子，可以看

---

[1]　張永清，〈現象學懸擱在美學和藝術領域中的方法論效應〉，《中國人民大學學報》，4（2003）：147-152。

出舞蹈藝術作品的展現，不論在創作者或舞者身上，都是以身體敘說著對現實世界的虛擬想像，此想像必須經過「懸擱」的過程，這是一種以作品詮釋作品的表現，亦是一種現象學態度。總之，現象學「懸擱」方法對於舞蹈美學和舞蹈藝術的意義在於：

> 現象學「懸擱」是對某種領域、某種對象、某種認識和觀念的排除與否定；另一方面，現象學「懸擱」又是一種解放與肯定，為人們確立了新的研究領域、新的研究對象，新的觀念和認識，用現象學的術語來講，現象學「懸擱」最終是為了「回到實事本身」。具體到美學和藝術領域，現象學「懸擱」要求人們拋棄主客絕對分離的思維方式，放棄單純從客觀或主觀或者將兩者簡單相加的理論努力，放棄要麼再現，要麼表現的簡單化理論概括，轉而面向藝術作品本身，面向審美對象本身。[1]

身為創作者或舞者，首先應將「物化態度」懸擱，因舞蹈藝術並不能用物化態度——拆解來看待，只在意外在形式，而遮蔽了內在的意涵。所謂「物化態度」是指對於舞蹈作品中之肢體、燈光、服裝、道具、佈景等，僅以單一的視角來看待，而非以一種整體性的視角來看待。因此，在進行創作或訓練舞者時，必須先「懸擱」其「物化態度」，使中國舞蹈意涵能播撒出來，透過「懸擱」，方能回到作品本身，真切地感受每個作品的區別與真諦。

---

[1] 張永清，〈現象學懸擱在美學和藝術領域中的方法論效應〉，《中國人民大學學報》，4（2003）：147-152。

第六節　本章結語

經由對中國舞蹈身體表現的探討推論，歸結出幾個特點與內涵：

一、先內化、後外顯的身體表現

就舞蹈而言，動作無法脫離身體而存在，身體無法脫離心靈而存在，每一時刻都是身心相互作用、相互呈現的一種身體表現。中國舞蹈身體表現從現象學的「部分」與「整體」分析探究，推論出身體動作與意識是環節問題而非片段問題，無法獨立存在的。每一次的舞蹈表現都不會是傳統的完全複製或再現，因為傳統的問題就如環節一樣與當代思維聯結在一起而無法切割。任何對傳統的詮釋都是立基於當代思維，這樣的前提下，所作出的傳統舞蹈都是一種創新再現，故傳統與創新本質上是「環節」問題。若將傳統與創新視為「片段」問題，矛盾就會發生，對於中國舞蹈的創作者而言，這無疑是最殘酷逼迫。

二、釐清部分與整體、多重與同一、顯現與不顯現

多重呈現在舞蹈表現的實際情形是更為複雜多變的，不同的主體可能看到的是同一事物，卻看到不同的面向，這是事物多重呈現的現象之一。同一性是既顯露又遮蔽的，而中國舞蹈以「形」寫「神」的美學特性亦可說明中國舞蹈藝術同一性裡的多重現象，同一的「形」可以因不同「神」的注入而產生多重的呈現。筆者已在上文中舉過一些舞蹈例子來說明此現象，這些全是由表演者所注入的精神情感（神）不同而產生

的差異。身體動作的表達方式蘊藏著更大的想像空間，因此，它比語言符號的表達更含混不明確。甚至不同的主體欣賞著同一個舞蹈作品，也會產生很大的差異。中國舞蹈的傳統與創新的爭議，也是因為這多重呈現導致。

現象學所談的另一觀點，「顯現與不顯現」，經上述探討所得的結果：身體動作是外在形式，可顯現感知的；而心靈意象卻常是內在無形的，是不可明確感知的，是不顯現於外在形式的。而與「顯現與不顯現」對應的是「滿實意向」（指在場顯現的事物）與「空虛意向」（指不在場顯現的心靈情感）。舞蹈創作過程是將心靈意象經由想像、捕捉、凝聚與創造，將此內化情感外化於身體動作。這是由「空虛意向」創造「滿實意向」的過程，是由「不在場顯現」至「在場顯現」的過程。在場顯現的是舞蹈身體動作，是表面的顯象，不在場顯現的是舞蹈藝術背後的隱匿之象，這隱匿之象是藝術作品的內在核心。所以不在場顯現，並不表示不發生作用，它是真實的引領著身體動作運行的重要關鍵。

三、中國舞蹈的身體表現是「以虛為本、以實為體」的情感化身體

中國的藝術精神是好「寫意」的。所以中國舞蹈藝術寫意性的身體表現，所描述的也是經過美化提煉後的虛幻情境，它並不直接，所以蘊含著更大的想像空間，這是中國舞蹈藝術「以虛用實」的寫意性表現，因此，「以虛為本，以實為體」是中國舞蹈身體表現的特點之一。

虛代表著內蘊的象，是中國舞蹈之「神」（指意象與內涵），實為外顯之象是中國舞蹈之「形」。中國舞蹈以看不見的虛幻意象情感，引導顯

現的實體（身體動作），此身體動作的設計表現都爲此內化情感而服務，而最後達到「身心融合」的目標。整個舞蹈藝術形成的過程，是從一開始以心靈情感的虛幻意象爲對象，最後再由內而外地結合身體動作，此時的身體動作已不是初期身體動作的學習與訓練的外型動作，而是由心靈引動著身體帶著情感的身體。所以中國舞蹈身體表現是「以虛爲本，實爲體」的情感化的身體。

四、現象學「懸擱」提供了中國舞蹈創作一個良好的思路

現象學的「懸擱」是對自然態度的一種「中止判斷」的方法，或是對現狀「存而不論」的態度，這樣的思維方法可以解決中國舞蹈創作處於傳統維護與創新發展之夾縫中的矛盾現象，並解決中國舞蹈創作因慣性的思維而無法突破的窘境。中國舞蹈藝術的創作者與舞者，借由此現象學態度將既有習慣舞蹈習性「解除」或「懸擱」起來，將習性的干擾降至最低。進而展現出擁有舞蹈身體與深層感性思維的藝術承載者，創作者或舞者的藝術思維成爲一種純粹的意識與情感。此時，創作者與舞者相互交融、統合，所有的藝術想像與舞蹈技能合爲一個整體。

「現象學的真實意圖並不是要取消或否定世界與對象的存在，而是對原有思想觀念與思維方法的終結，具有"破執"的內涵，同時又預示著某種新觀念、新方法、新視角的運用與實踐」。[1]對於一個舞蹈作品而言，「破執」是需要的，創作者首先應「破執」，才能突破舊格局而使作品蘊涵著「新意」，舞者更應「破執」，才能使自身舞蹈的能力發揮更大的可能性，而不被習慣性的身體經驗所侷限。所以運用現象學「懸擱」的方

[1] 張永清，〈現象學懸擱在美學和藝術領域中的方法論效應〉，《中國人民大學學報》，4（2003）：147-152。

法自然可以解決中國舞蹈創作因慣性的思維而無法突破的窘境。

第四章　中國舞蹈審美意象

第一節　引言

一、中國舞蹈文化的原始意象

「美是人類一切藝術活動的基本屬性」，[1]中國傳統文化的審美內涵乃以「意象」為旨歸，它是中國古典美學的重要範疇。即使是在當今的審美思維中，中國藝術仍然相當重視「意象」這個範疇。中國舞蹈築基於中國文化與歷史的基石上，以人體姿勢、動作表現中國文化多元面向的舞蹈，它是一種文化象徵性的動態藝術。「舞蹈是以人體動作為主要表現手段的一種藝術，是以人體的舞蹈動作為傳達人的情感信息符號的物質載體」，[2]中國舞蹈所傳達的信息符號就是以中國文化、歷史的積澱情感為主。例如中國歷史上舞蹈的發展到了西周時期有了較大的演進，西周時的舞蹈分為大舞與小舞，「年齡小的貴族少年子弟習較容易的小舞，年齡大者習較難的大舞。小舞有六種，分別為帗舞、羽舞、皇舞、旄舞、干舞和人舞。大舞則有七種，為雲門、大卷、大咸、大磬、大夏、大濩和大武」，[3]這些舞蹈都和中國古代的宗教文化及宮廷文化有相關，例如「雲門相傳是黃帝時的樂舞，周代用於祭祀天神；大卷在周代用來祭祀

---

[1] 于蔚泉，〈舞蹈意象與審美建構〉，《山東藝術學院學報》，1（2005）：73-77。

[2] 隆蔭培、徐爾充，《舞蹈藝術概論》（上海：上海音樂出版社，2002），1。

[3] 卞　晨，〈中國早期舞蹈談略〉，《揚州教育學院學報》，20.2（2002.6）：39-41。

上蒼星辰日月；大咸亦稱咸池，相傳是堯修訂黃帝時的樂舞，周代用於祭地神；大磬相傳是舜時代的樂舞，周代用於祭四望；大夏相傳是夏禹時的樂舞，周代用於祭祀山川」等等。[1]另外，西周時期的儺舞，「專門用於祭祀節日，也就是驅逐鬼怪的舞蹈，又稱之為打鬼舞。跳儺舞時，人們帶著假面，跳著凶猛、激烈的舞蹈，要把危害人類的疫鬼、惡魔統統趕跑」。[2]這些宗教性的舞蹈內涵隨著歷史發展，它並不會消失而是一種向內的「退行」[3]轉化，是文化意象向內的轉化，就如「巫術禮儀的圖騰形象逐漸簡化和抽象化為純形式的幾何圖案（符號），它的原始圖騰含義不但沒有消失……反而更加強了」。[4]

魏晉時期，舞蹈的技術發展與審美情感有了進展，「在舞蹈技巧方面，多繼承漢代舞容，如舞袖、折腰、雜技與舞蹈相融合的特點，但舞蹈本身却沒有漢代那種豪放狙獷的氣質」。[5]在這個時代，存在著專業舞者，它們都由宮廷與皇室貴族收養，由於她們只專心著自己所表演的舞蹈，因此，對舞蹈技術水平的提昇，標誌著當時代的舞蹈特點。唐代的舞蹈發展是輝煌的，舞蹈活動滲透於人們的日常生活中，舞蹈藝術在此時期也有著高度的發展。唐代舞蹈藝術，在各式各樣的活動中到處可見，「唐代與封建後期的明清時代不同，對舞蹈不是賤視，而是珍視；舞蹈不止是社會地位低賤的藝人表演，上層社會的人也以善舞為榮」。[6]「音樂舞蹈十分發達的唐代，歌舞自然成群眾歡慶節日、自我娛樂的重要方式。歷史上著名的《踏歌》，在唐代十分廣泛。在鄉村、城鎮，甚至在宮

---

[1] 卞　晨，〈中國早期舞蹈談略〉，《揚州教育學院學報》，20.2（2002.6）：39-41。
[2] 卞　晨，〈中國早期舞蹈談略〉，《揚州教育學院學報》，20.2（2002.6）：39-41。
[3] 「退行」意指文化思想在歷史進程中不斷地向內退行至潛意識與無意識層次，而成為一種積澱的現象。
[4] 李澤厚，《美的歷程》（天津：社會科學出版社，2001），32。
[5] 王克芬，《中國舞蹈發展史》（上海：上海人民出版社，2004），157。
[6] 王克芬，《中國舞蹈發展史》（上海：上海人民出版社，2004），167。

廷組織慶祝節日的活動中，《踏歌》都是人們極爲喜愛的自娛舞蹈」。[1]唐代的舞蹈藝術有著高度的發展與提昇，主要在於當時有著相當多數的舞蹈創作的新作品，這些作品不僅代表著舞蹈在唐代的重要性，也象徵著舞蹈審美意識的不斷轉化。在唐代的舞蹈創作中，傳統舞蹈早已被改變、轉化而昇華爲另一種藝術作品，這是因爲各種類的舞蹈在唐代高度的被呈現在社會生活中，因此，人們接觸到多種類的舞蹈形式，自然就會有一種融合與交流的現象發生。「在唐代舞蹈發展的進程中，有一種值得注意的現象，這就是各種舞蹈－包括中原和域外舞蹈、漢族與少數中國舞蹈、宮廷和民間舞蹈、宗教和世俗舞蹈，相互滲透、糅合，彼此吸收，不拘一格，靈活運用」。[2]這是歷史發展的必然，如現今的中國舞蹈發展和以往各個時代都不一樣也不可能一樣，在藝術之思與審美情感的高度引動下，中國舞蹈在現今的表現，融合了時代的審美觀、藝術觀、科技觀，而呈現出中國舞蹈的新生命意義。「國勢的強盛，開放豁達的社會風氣，廣取博采的創作和表演方式，構成了唐代舞蹈明快、健朗、絢麗、昂揚的風貌」。[3]

「從上古至唐代，宮廷樂舞經過樂舞奴隸們的長期創造、積累，是舞蹈做爲獨立的藝術形式而存在、發展的時期，代表著古代舞蹈文化的藝術成就，也是歷史上古典舞蹈的主要部份和菁華所在」。[4]唐代舞蹈審美意象的內涵與特點，也正表徵著唐代的盛世太平，也只有在非戰亂時期，舞蹈藝術的發展才有了高度的提昇，唐代舞蹈藝術的高度發展，爲中國舞蹈藝術積累了豐碩的文化能量，即使到了當今，仍有許多的舞蹈藝術創作是以唐代舞蹈的基礎的。「舞蹈藝術高度發展的唐代，創造了影

---

[1] 王克芬，《中國舞蹈發展史》（上海：上海人民出版社，2004），169。
[2] 王克芬，《中國舞蹈發展史》（上海：上海人民出版社，2004），222。
[3] 王克芬，《中國舞蹈發展史》（上海：上海人民出版社，2004），261。
[4] 孫　穎，《三論中國古典舞》（北京：北京舞蹈學院漢唐古典教研室），7。

響深遠的宮廷燕（宴）樂，如《九部樂》、《十部樂》、《坐部伎》、《立部伎》等。它一反前代不重視少數民族樂舞的做法，將域內外各民族民間樂舞堂而皇之地列入宮廷燕樂樂部」。[1]唐代宮廷樂舞引入了不少的民族民間舞蹈，顯示出當時民間舞蹈的興盛發展，也造就了不少舞蹈的形式與種類，例如「祝頌武則天長壽的《鳥歌萬歲樂》，用鳥舞的形式。頌玄宗李隆基的《龍池樂》用花舞形式等等，都是在民間固有的傳統舞蹈形式的基礎上，加工美化而成」。[2]宮廷樂舞在採用各民族民間舞蹈時，也不是完全地仿製，而是經過創意的修飾美化，使其舞蹈更爲精緻，提高了藝術性、表演性、觀賞性，例如流傳最廣的表演性舞蹈，「健舞、軟舞、大曲、歌舞戲」等。唐代較著名的舞蹈有：「健舞（劍器舞）、歌舞戲《蘭陵王》、《踏謠娘》，也有源於西域的歌舞戲《撥頭》，以連續多圈旋轉爲特點的《胡旋舞》，還有以騰踏舞技見長的《胡騰舞》，更有矯捷俏麗、舞姿多變的《拓技舞》。而《霓裳羽衣》、《綠腰》、《春鶯囀》等則是新創唐舞」。[3]

大唐盛世的舞蹈，創造了許多高水平的藝術作品，例如「在《龍池樂》兩邊排列出了幾支隊舞，其中有反彈琵琶舞。琵琶是一種彈奏的樂器，而在敦煌壁畫中出現了反彈琵琶伎樂天的舞蹈，在這裡也是以舞蹈形式出現的伎樂隊舞」，[4]這是宗教藝術與舞蹈藝術融合的舞蹈作品，敦煌舞至今仍是相當優美且受到歡迎的舞蹈。唐代的隊舞，已相當重視舞蹈的意境，在許多舞蹈作品中都可見其強調意境的藝術特點，《春鶯囀》

[1] 王克芬，〈中國宮廷舞蹈發展的歷史軌跡及其深遠影響〉，《北京舞蹈學院學報》，（2004.03），15-24。

[2] 王克芬，〈中國宮廷舞蹈發展的歷史軌跡及其深遠影響〉，《北京舞蹈學院學報》，（2004.03），15-24。

[3] 王克芬，〈中國宮廷舞蹈發展的歷史軌跡及其深遠影響〉，《北京舞蹈學院學報》，（2004.03），15-24。

[4] 寶培德，〈大唐盛世的皇家宮廷舞蹈〉，《當代戲劇》，（2003）：48-52。

隊舞是極富意境美學特點的舞蹈,「崔令欽《教坊記》對演出的情況有詳細的描述,舞蹈的隊形逐漸向左右分開,如鳥兒張開了兩翼,舞伎們一個個神采奕奕,既莊嚴又美麗,如盛開的桃李,滿面春風,一色的羅衣,好比天空的霞霓。縵衣飄飛,正如霧縠[1]隨風」;[2]而詩聖杜甫在《觀公孫大娘弟子舞劍器行》一詩中也描繪出其審美意象:

> 昔有佳人公孫氏,一舞劍器動四方。
>
> 觀者如山色沮喪,天地為之久低昂。
>
> (火霍)如羿射九日落,矯如群帝驂龍翔。
>
> 來如雷霆收震怒,罷如江海傳青光。
>
> 絳唇珠袖兩寂寞,晚有弟子傳芬芳。
>
> 臨穎美人在白帝,妙舞此曲神揚揚。[3]

　　繪畫、雕刻是凝固的「詩」,是創作者動態思維下提煉出的靜態藝術,由靜態傳達著動態情感的內涵;而舞蹈本身就是一種動態的藝術,由動態的感官知覺傳達著某種內凝的情感,此情感創構出言外之言、象外之象的意境,是感受性大於理解性的藝術之思,是直覺性大於經驗性的藝術,中國舞蹈藝術尤重審美意象的創構,進而創作意喻深遠的作品。「中國的意象思維是心視、神游、玄覽,是一個超越感官的內心意象自由運動的圖示過程,它遠不止停留在事物表象和目視的錯覺上,它是超時空、超感官的再造型的過程」。[4]唐代許多著名的舞蹈都蘊涵著超時空、超感

---

[1] 縠:縐紗。比喻波紋。宋·蘇軾·臨江仙·夜飲東坡醒復醉詞:「長恨此身非我有,何時忘卻　營營?夜闌風靜縠紋平。」

[2] 竇培德,〈大唐盛世的皇家宮廷舞蹈〉,《當代戲劇》,(2003):48-52。

[3] 姚怡曒,〈試論宋代舞蹈的藝術特徵和審美取向〉,《甘肅社會科學》,4(2004):167-169。

[4] 竇培德,〈大唐盛世的皇家宮廷舞蹈〉,《當代戲劇》,(2003):48-52。

官的審美意象，例如女子獨舞的《淩波曲》，「表現龍女在水波上飄移流動的美姿，相傳是康明皇因夢龍女而作曲」，[1] 這是「以虛用實」的藝術特點，也是中國舞蹈身體表現的特點之一，另外大型隊舞如《嘆百年》與《菩薩蠻》，也蘊涵著虛實相生的審美意象，「《菩薩蠻》由數百人組成大型女子隊舞。篤信佛教的唐懿宗朝，在安國寺落成之時，表演此舞，舞隊一出，如佛降生，似仙女下凡」，[2] 唐代舞蹈在審美意象的升華是中國舞蹈史上的重要時期。

「宋初，宮廷宴樂有小兒隊、女子隊，從舞隊名目上看不少是繼承唐代健舞、軟舞及歌舞大曲名目。但表演形式，已有所變化」，[3]「宋代舞蹈是在唐代的基礎上發展起來的，加強了故事情節，豐富了內容和抒情性。宋代舞蹈從宮庭走向民間，促進了民間舞蹈的繁榮與發展，表演形式多樣化，內容注重反映社會現實」，[4] 每一時代的舞蹈審美取向都有著差異，唐代和宋代在審美取向上亦有著轉變，因此，舞蹈的風格與審美意識也隨著轉化。「唐代的舞蹈雍容華貴、氣勢恢宏。宋代因為審美取向的轉變，它的舞蹈含蓄腼腆、抒情優美。宮廷舞蹈動作溫婉細膩，民間舞蹈動作活潑詼諧，舞蹈技巧高超」。[5]「宋代宮廷舞蹈的基本動作多為舞腰弄袖。如敦煌壁畫末 61 窟中的"五欲娛樂"女子獨舞，女伎身穿方領長袖衫，喇叭褲，雲頭履，正彎雙臂甩袖起舞，這就是對當時舞蹈動

---

[1] 王克芬，〈中國宮廷舞蹈發展的歷史軌跡及其深遠影響〉，《北京舞蹈學院學報》，（2004.03），15-24。

[2] 王克芬，〈中國宮廷舞蹈發展的歷史軌跡及其深遠影響〉，《北京舞蹈學院學報》，（2004.03），15-24。

[3] 王克芬，〈中國宮廷舞蹈發展的歷史軌跡及其深遠影響〉，《北京舞蹈學院學報》，（2004.03），15-24。

[4] 姚怡曒，〈試論宋代舞蹈的藝術特徵和審美取向〉，《甘肅社會科學》，4（2004）：167-169。

[5] 姚怡曒，〈試論宋代舞蹈的藝術特徵和審美取向〉，《甘肅社會科學》，4（2004）：167-169。

作的真實描繪」。[1]「由於受到封建社會禮教的束縛，在當時，女子中已經出現了三寸金蓮。宋代舞蹈也多少受到了影響，舞蹈顯得扭扭捏捏、搖搖曳曳」。[2]

宋代舞蹈由於宋朝長期與遼、金、夏對峙，戰爭的不利與弱勢影響了宋朝的國勢，宮廷樂舞也就相對的遠不如唐代的發展。直到「公元二十世紀的南宋時代，戲曲興起，舞蹈被融入戲曲中，成為戲曲表現故情節，刻畫人物情感的諸多手段之一。作為獨立的表演藝術品種的舞蹈，已漸趨衰落。而融入戲曲中的舞蹈，却得到了高度發展」。[3]

當然，上述這些舞蹈也隨著歷史的進展，而有所創造與改變，這些改變是與文化進程同步發展的。舊有的舞蹈形式、內容及精神象徵朝向文化內層而深化，進入了文化積澱的核心層，每一次的深化都如一道道的跡象成了文化深層的印記。這些跡象或印記是隱藏於深層內在的，而且不斷地被新的文化內容重新刻劃，這就是歷史、文化不斷發展而其根源不斷向內「隱跡」[4]的現象。

上述歷代舞蹈亦是如此，「一般地說，在社會發展較低的階段，舞蹈的種類和體裁都比較簡單，而隨著社會生活不斷地豐富和發展，就會不斷地生發出新的舞蹈藝術品種，出現新的舞蹈體裁，舞蹈形式的演變和發展也將會更加複雜多樣」。[5]文化的不斷發展或向內在層次的「隱跡」是一種不斷積澱的過程，透過不斷的積澱，舞蹈藝術才能成為審美的對

---

[1] 姚怡曉，〈試論宋代舞蹈的藝術特徵和審美取向〉，《甘肅社會科學》，4（2004）：167-169。

[2] 姚怡曉，〈試論宋代舞蹈的藝術特徵和審美取向〉，《甘肅社會科學》，4（2004）：167-169。

[3] 王克芬，〈中國宮廷舞蹈發展的歷史軌跡及其深遠影響〉，《北京舞蹈學院學報》，（2004.03），15-24。

[4] 「隱跡」意指舊有文化在歷史上留下的跡象，被新的文化跡象覆蓋而成為一種穩匿的狀態，但依舊發生作用的現象。

[5] 隆蔭培、徐爾充，《舞蹈藝術概論》（上海：上海音樂出版社，2002），64。

象，其本身才能具備審美意象，而不單純僅是一種形式美。李澤厚也指出，「抽象幾何紋飾並非某種形式美，而是抽象形式中有內容，感官感受中有觀念……內容積澱爲形式，想像、觀念積澱爲感受」。[1]內容積澱爲形式，想像、觀念積澱爲感受，這是一種由無意識的文化積澱層次向外擴展至意識層次的過程，或可說向內與向外是同時相互滲透的現象，如此可知，積澱是一動態性的變動存在，審美意象就是在此變動的存在中被呈現出來。

二、中國舞蹈文化的集體無意識

舞蹈所形塑的虛幻王國必有著社會、歷史、文化的意識，不論是舞蹈創作者或是舞蹈表演者都必定受這社會、歷史、文化的意識作用所影響，這些意識或許可感，或許不可感，這是一種綜合時間與空間的意象，「意象是審美活動中物我雙向交流的產物，在物我的感應激盪中反映出主體對心靈外物的親和與認同。由物我在生命節律上的共通，到由主體的妙悟而在忘我中達到神會」，[2]意象的形塑對舞蹈創作、舞蹈表演者而言，是極爲重要的部分，意象形塑決定著舞蹈作品的內涵與舞者是否能達致「心與物合」的境地。創作者必先蘊涵此意象方能創作，表演者必先體驗此意象方能表演，此意象是以歷史文化爲底蘊來抒發情感內容，以舞蹈姿勢動作爲形式，融合當代的新思維來重新詮釋，它是想像的、虛幻的。中國舞蹈是講究意境塑造的藝術，有了審美意象方能創構藝術之意境，而意境又是中國古典美學的重要核心範疇，意境論是許多偉大的中國古典美學家論述的重點，「意境說的精髓，用一句話說那就是"境

---

[1] 李澤厚，《華夏美學》（桂林：廣西師範大學出版社，2001），32。
[2] 朱志榮，〈論審美意象的創構過程〉，《蘇州大學學報》，3（2005）：77-80。

生於象外"，"象"是事物的外表形象、形態，它是感性的、可見的，具體而明晰」，[1]當然，「象」亦可指涉非外表形象的對象，中國舞蹈審美的「意」與「象」將在本章有更深入的論述與探究。

中國舞蹈的審美意象不僅是個體所獨具或獨創的，這一種審美意象必涉及到民族、文化與社會環境的交互作用，許多聖哲學說的觀點會影響著民族文化的發展。身體會自然的記憶當時的文化情感與審美意象的經驗，這是一個民族與文化生命的延續與積澱，中國舞蹈的審美意象範疇就築基在這一延續與積澱的沃土上。因此，就審美意象單純的視角而言，它是屬於個體的獨創性，因為「意象的創構以主體的審美經驗為基礎。主體進入審美活動中作意象的創構，需要主體在外在環境的刺激下逐步積累起形式感，有通過想像活動作虛擬構象的能力，並且具有一定的自我意識」。[2]但若將民族與文化的因素涉入此範疇中，那審美意象就不純然是個體的獨創性，更屬於一種「集體的意象」或說是一種群集了個體意象的集體意象。

人們「觀物取象」受著民族文化思想的影響，例如《周易》中關於意象的論點：「觀物取象、擬諸其形容，象其物宜、立象以盡意」，對後世的審美發展有十分深遠的影響，這是一種集體意象，在長時間的歷史積澱中隱入無意識層。這一種集體意象是不容易被察覺的，它是一個民族與文化在歷史長流中不斷積澱而成的，它既包含了人類身體的先天條件，同時亦包含了歷史經驗的後天因素。這有如精神分析學家榮格所提的「集體無意識」（Collective unconsciousness）。

榮格說，「我所說的集體無意識，指的就是通過遺傳而塑造成型的心靈氣質」。[3]榮格於 1917 年指出，「集體無意識，作為人類經驗的貯存所，

---

[1] 陳　春，〈論中國舞蹈的意境及審美特徵〉，《藝術・設計》，（2005.09）：191-192。

[2] 朱志榮，〈論審美意象的創構過程〉，《蘇州大學學報》，3（2005）：77-80。

[3] 榮格（Carl Gustav Jung）著，《探索心靈奧秘的現代人（Modern man in search of a soul）》

同時又是這一經驗的先天條件，乃是萬古世象的一個意象」。[1]「榮格界定的集體無意識實際上是指有史以來沉澱於人類心靈底層的、普遍共同的人類本能和經驗遺存，這種遺存既包括了生物學意義上的遺傳，也包括了文化歷史上的文明的沉積」。[2]

　　中國舞蹈的審美意象具涵著物我融合、情景合一的特點，這也是民族文化積澱所自然形成的特點，是一特定且較爲穩定的民族意象。「特定對象的感性形態也會因社會歷史因素的影響，而形成一個與主體心靈相對固定關係的傳統，如山水比德、流水與光陰的意象」。[3]中國舞蹈是中華民族的一種文化遺產，其美學意義是無法脫離其文化底蘊的存在的，中國舞蹈的審美意象被各個歷史進程所浸潤，「是具有延續性的族類精神意指的**原始意象**（原型）。它的身上留下了時代賡延的痕跡，既有原初的人性、理性，又有新的文化心理因子」，[4]

　　因此，關於中國舞蹈審美意象的探究更應將文化遺存的「集體無意識」滲入其研究範疇中。在探討中國舞蹈審美意象的「集體無意識」之前，必須先明確且深入地探討解析「意」與「象」的實質內涵與特點，以了解審美過程中「意象」形塑的現象，以及分析「意」與「象」在無意識層次與意識層次中所代表的意涵。

（黃奇銘譯）（北京：社會科學文獻出版社，1987），157。

[1] 弗雷‧羅恩著，《從佛洛伊德到榮格》（陳恢欽譯）（中國國際廣播出版社，1989），118-119。

[2] 常若松，《人類心靈的神話－榮格的分析心理學》（台北：貓頭鷹出版社，2000），132。

[3] 朱志榮，〈論審美意象的創構過程〉，《蘇州大學學報》，3（2005）：77-80。

[4] 李吉勇、胡立新，〈榮格與李澤厚「積澱」說的比較〉，《黃網師範學院學報》，24.5（2004.10）：46-50。

第二節 「意」與「象」

審美過程在人們的腦海中產生了情意與形象，有了情意與形象才生發出審美的運行，它運行於審美意象所創構的藝術時空，而「藝術時空總是"審美意象"生存的基礎，既體現了宇宙的根本大道，又反映了主體的心理內蘊」。[1]「藝術時空既是現實時空與心理時空的交融，主體便必然在其中起著主導作用，以促使兩者的有機交融，並決定著交融後的兩者關係，使之既顯現著現實自然中的感性生機，又蘊含著情感狀態的深層境界」[2]

審美意象包含二個向度，一個是「意」的向度，其中包含深層的無意識層次與表層的意識層次；另一個是「象」的向度，意指審美對象，審美對象可分為虛實二個層次，實的層次代表實質客觀的對象，虛的層次代表主體意識所虛構的對象，而虛的層次是審美意象的重要內涵，是組織整個審美意象的動能，它部分源自於集體無意識的原型能量。

「意，是主觀的情意，也不同程度地融會著主體的理解；象，是情意體驗到的物象，和主觀借助於想像力所創構的虛象交融為一」。[3]審美意象，是意中有象、象中有意，意與象相互交融，是一體的二個向度，是審美活動的重要因子。審美意象的形塑是心隨物象而變動的，如劉勰所說：「歲有其物，物有其容；情以物遷」，[4]「在審美意象的創構過程中，象與意的貫通乃是對象的感性形態在長期的物我溝通中對主體內在心靈的造就」。[5]

---

[1] 朱志榮，《中國藝術哲學》（東北師範大學出版社，1998），103。
[2] 朱志榮，《中國藝術哲學》（東北師範大學出版社，1998），100。
[3] 朱志榮，《中國審美理論》（北京：北京大學出版社，2005），155。
[4] 祖保原，《文心雕龍解說》（合肥：安徽教育出版社，1993），905。
[5] 朱志榮，〈論審美意象的創構過程〉，《蘇州大學學報》，3（2005）：77-80。

　　審美意象相對於動態藝術的舞蹈而言，是更爲複雜的，「舞蹈藝術思維的過程，是以人體動作爲感性材料的形象思維不斷活躍發展的過程。舞蹈形象的創造，要具有直觀動態性」。[1]「舞蹈形象不是一般的動態形象，而是一種**浸透著情感**的動態形象」，[2]舞蹈藝術蘊涵著舞蹈創作者與表演者豐富內蘊的情感意象，此情感意象是創作者由現實生活的感悟而創發出來，是外在形象與內在心靈相互作用的結果，是一種自我與社會文化互動的結果，是積累在主體心靈深處的能量。就中國舞蹈而言，它充滿了文化深層集體無意識所湧現的能量，這些原本被隱匿的跡象，擴散出能量並在意識層發生了作用，這種能量雖然不明確可見，卻不斷地發出作用，這是中國舞蹈審美意象不斷創造並保持文化根基的重要能量。

　　「**意**」的無意識層次與意識層次，代表著過去的文化積澱與當下的意識顯現之間的交流滲透，對於中國舞蹈而言，這樣地交流滲透現象是必然性的。例如，敦煌舞蹈的編創或表演詮釋，其審美意象蘊藏著諸如慈悲、和諧、寧靜與自在飛舞的概念，這些概念既是文化積澱的產物，也是當下意識層次新的詮釋。這些概念是敦煌舞蹈之審美意象的重要內涵，使得敦煌舞特殊的體態美，如三道彎、多稜角、赤足垂簾等體態美，浸透於審美意象所蘊涵的美感，而這蘊涵的情感是對文化積澱的情感。「**意**」是舞蹈情感表現的核心，一個編創者或表演者對於所表現舞蹈的「**意**」，若無法良好的掌握則無法完善地呈現出舞蹈藝術的內涵。上述例子之敦煌舞，其獨具特色的三道彎 S 型體態就象徵著一種「平衡的張力」，引申佛教世界詳和、寧靜的情感思維，「情感不但是意的核心內容，而且是審美活動的動力，它使得虛實相生的象浸染、飽含著情感色彩」。[3]

---

[1] 隆蔭培、徐爾充，《舞蹈藝術概論》（上海：上海音樂出版社，2002），232。

[2] 隆蔭培、徐爾充，《舞蹈藝術概論》（上海：上海音樂出版社，2002），237。

[3] 朱志榮，《中國審美理論》（北京：北京大學出版社，2005），156。

「象」,《周易‧繫辭》對「象」的詮釋:「聖人有以見天下之賾,而擬諸其形容,象其物宜,是故謂之象」。[1]對於中國舞蹈而言,「象」的虛幻層次是與具實層次是相同重要的。具實的「象」是容易掌握與表現的,虛幻的「象」是較不明確的。就編創者而言,大量豐富的虛幻之「象」是創作的能量源,但仍需具實之「象」(身體動作)來作為表現的手段。虛幻的「象」,是「在主體情意與物象相互交融,渾然為一的過程中,主體情感的多樣性和豐富性常常又是物象所不能完全對應的」。[2]許多中國舞蹈的創新作品都是創作者意象中大量豐富的虛幻之「象」所引發的創作動能,它是審美意象的重要能量。例如筆者 2006 的舞蹈作品《幻境》(圖 4-1),是台北民族舞團 2006 年度公演「拈花」舞劇裡的第三幕,其作品主要創作動機是對於「禪」的體悟,用身體動能來詮釋「禪」不立文字的精神意涵。其主要舞意如下:

> 此次拈花第三幕的編作,藉由刻意的形象塑造,以「緊、勁、沉」的動作質地,企圖營造一股無明的氛圍。是佛、是魔、是人,全是心中的顯現。貪瞋痴慢疑五毒,纏結著「身心靈」,慈悲與智慧的融合,幻化出金剛般的威攝能量,五毒、慈悲、智慧皆被化為「空無」,一切僅留存著持續變異的「當下」。

> 實相非相,幻境亦幻非幻。觀舞之後,或許空無一思,或許頗有感悟,或許百思不解,或許另有想像的時空。期待以一種「空無」視角切入,懸置原有的預設立場,無遮蔽

---

[1] 金民那,《文心雕龍的美學─文學的心靈及其藝術表現》(台北:文史哲出版社,1993),61。

[2] 朱志榮,《中國審美理論》(北京:北京大學出版社,2005),160。

地置入作品，進而感悟作品。由幻相中的「空無」體悟「妙有」的真切作用。[1]

圖 4-1 蕭君玲 2006 作品拈花之《幻境》
攝影：李明訓

---

[1] 台北民族舞團 2006 年度公演，《拈花》（節目冊），2006/9/30、10/1 台北城市舞台公演。

這是相當強調虛幻之「象」的作品，此作品透過各種不同具實的「象」交織繪構出整體虛幻之境。從審美意象的視角而言，它保留了部分的未定性與想像空間，此二者是使觀賞者想像力參與的動能，是創作者藝術思維的活躍場域。「審美意象融主觀情志與客觀物象於一體，其生成是神思與物化的融通，是情感化了的內視形象。藝術作為一個顯現符號的期待結構，除凝聚藝術家的積濾與情致外，還要思維接受者的審美需要，包括審美旨趣、審美心境與審美再創造」。[1]筆者在創作構思時刻意保留此空間，使觀賞者能互動的參予這審美的旨趣。

就中國舞蹈而言，具實的「象」可說是舞蹈技能的表現，虛幻的「象」則為情感表現的重要依附，二者不斷地交互作用，相互滲透影響，不斷地變動轉化。虛幻的象不是不變動的，它會因具實的「象」（舞蹈動作、燈光、音樂、佈景）的變動而變動。因此，對於舞蹈藝術而言，重要的並不是舞姿的外在形式與技巧，而是內在虛幻之「象」被人們所感知、感動。

對於中國舞蹈審美意象而言，過往的文化情感積澱在集體無意識中，從意識層透過身體舞姿、舞台、燈光、音樂等來表現，表現出來的舞蹈藝術之境又再形成另一種審美意象。老子哲學中說到的「大象無形、大音希聲」，這是一種無限、超越。這種超越性的存在使中國舞蹈根基於歷史文化。

情景交融則保證了中國舞蹈的歷史情感與歷史景境不被遺忘，它積澱著時間與空間的能量，在人們的藝術想像中不斷地作用著。「這種情景統一所創構的審美意象，乃是主體在審美活動中消除了物我的界限，使得主體情中生景，景中含情，兩者渾然為一的結果，莊生夢蝶，不知何

---

[1] 蔣繼華、蒼中洪，〈審美意象的現代性闡釋－接受美學視角中的審美意象〉，《安康師專學報》，16（2004.04）：36-38。

者為我，何者為蝶，正是由物我為一所創構出來的審美意象的最高境界」。[1] 舞蹈藝術表演的最佳境界，就是舞者渾然忘我，沉浸在虛幻意象中的角色中，散發著虛幻意象中的情感，舞者亦分不清楚何者為真實的我？何者為虛幻的我？因此舞者必須不斷地「忘」掉自己過往的經驗，以全新的心態進入虛幻的意象情境。就中國舞蹈而言，舞者更要能將自我置入歷史文化的積澱情感中，感知那文化情感的能量，感受那在歷史長河中刻下而又消退的情感跡象。

筆者 2006 的作品《倚羅吟》（圖 4-2、4-3），舞者必須強烈地感受漢代舞伎們的矛盾情感，既爭寵鬥艷又相互憐惜的情感，猶記得幾位舞者在首場演出結束後，眼眶仍泛著淚光，這表示她們掌握了漢代舞伎們的內在情感。因筆者在創作此舞時，不斷地透過語言引導、冥想訓練，並提供大量的漢代舞姿圖畫與故事，使舞者能更順利地進入歷史文化的時空境域，使隱跡已久的歷史文化能量再次生發。

---

[1] 朱志榮，〈論審美意象的創構過程〉，《蘇州大學學報》，3（2005）：77-80。

圖 4-2、4-3 蕭君玲 2006 作品《倚羅吟》
攝影：黃浩良

　　中國舞蹈之「象」源自於民族文化的情「意」，舞蹈的形式有其傳統的規範，但這並不是不可改變的。因審美意象不僅在不同的主體上有著差異存在，在不同的歷史時間點上也是不相同的，所以中國舞蹈的發展必須隨應著時代性與個體性的改變而有所改變，當然在傳統規律上仍有些基本不變的規範。如《文心雕龍》中提到：「夫設文之體有常，變文之數無方，何以明其然也？凡詩、賦、書、記，名理相因，此有常之體也；文辭氣力，通變則久，此無方之數也」[1]。舞蹈藝術現象和文學現象是一樣的，以變求新則可長久，通變的原則在於創新，但這基本不變的是根基必須是築基在中國文化的基石上。

　　以筆者實務的創作經驗與審美意象的探討，認為中國舞蹈的審美具有三個獨特性：文化性、虛擬性與未定性。

　　文化性，中國舞蹈顧名思義它必受著中國這一民族的歷史、文化意識為根基，也必受此環境的因素所影響。而中國舞蹈藝術的精神是象外之象的，是藉由肢體表現的外在形象引喻深層的想像世界，當然這一想像境域是富涵著深層中國文化思維的。當筆者在創作中國舞蹈時，亦常引導舞者進入較深遠的歷史文化思維想像中，以期舞者能領悟深刻歷史文化情境，並想像文化積澱下的各種形象形塑。中國舞蹈藝術所注重的「物我貫通」、「情景合一」、「形神融合」、「氣韻生動」、「心靈身體化」等概念都蘊涵著深渺的文化性，所以表現者的思維必須進入文化性的深層感知之中，儘管帶著現代性的思維，亦須進入古傳統文化的意境中，這樣就自然地將現代性思維與古文化情懷做一融合，也就是說，對古文化情懷做出創造性的詮釋，也因此在本質上已是對傳統的一種新的詮釋，筆者認為這是中國舞蹈創作相當重要的「**環節**」[2]。因為，若不是從

---

[1]　金民那，《文心雕龍的美學－文學的心靈及其藝術表現》（台北：文史哲出版社，1993），67。

[2]　環節的意義，請參閱本文第三章第二節：片段與環節。

文化性的意涵來切入，就不能成為具有中國文化特色的中國舞蹈藝術。

　　虛擬性，中國舞蹈藝術即是一種虛幻的想像世界，因中國舞蹈講究意境、寫意與虛實，所以為了表現某種意境時，並不需寫實的將欲表現的時空實際地搬至舞臺時空上。創作者常運用了許多虛擬的手法，將現實世界的實物替代轉換成舞蹈虛構時空裡欲表達的符號，或直接的運用舞蹈肢體及情感將此虛幻時空的情境表現出來，這是一種虛擬性的表現手法。筆者曾經在作品中運用一條白色長布幔，蜿蜒地懸置於舞台上方，並利用燈光效果使之呈現澄黃色調，以表示孕育大地的恆河（如圖4-4、4-5、4-6）；在2006《倚羅吟》作品，是以漢畫像磚為創作意象為出發，以一把矮圓凳，代表地位的象徵，表現漢代舞伎們彼此相爭又相惜的複雜情感，此時佈景與道具（布幔與椅子）在創作者的巧思隱喻下成了恆河與地位，舞蹈情境常運用此虛擬性的表現手法來突破空間的有限性。；（如圖4-7、4-8）。

　　在審美過程中，虛擬性的特點是變動的、隱喻的，虛擬性具有二種「象」，一種是外在形象，如上述例子的「長布幔」，另一種代表著隱喻性意義，如「長布幔」影射著恆河、孕育、生命。因此，虛擬性並不只是情意而已，更深入地是象徵著一種模糊與不明確的意義。這不明確的意義正好可以提供表演者與觀賞者一個想象空間，欣賞者借助舞蹈作品的觀賞，想像並試圖理解符號中潛藏的空白部分，其實這也是一個創造過程。筆者2003年以敦煌石窟造型所創作的作品《淨》，獨舞者立姿於舞台右後方的平台上，此舞者的形像擷取了敦煌菩薩的形象，舞者真徹地表現著菩薩自在無為的寂靜狀態。平台左前方則是一群舞者快速舞動著，與之形成強烈對比畫面，但此畫面在同一時空中出現時，舞蹈的虛擬性產生了，由此對比畫面所引出的隱喻意義被呈現出來。這意義傳達了某種世間的矛盾現象，將紛擾與寧靜的矛盾、煩惱與自在的矛盾、包

容與淺見的矛盾、爭鬥與無為的矛盾等,這些人世間常見的矛盾意義在同一空間中虛擬性地被呈現了。所以舞蹈藝術的表達與戲劇不同,所有的動態舞姿並不一定要像戲劇般的敘述,它是以一種虛擬的象徵性身體符號,在作品之中以一種隱喻的、渾沌的符號來表達的創作者、舞者心中的意象。

圖 4-4 蕭君玲 2003 作品《淨》
攝影:蔡德茂

圖 4-5、4-6 蕭君玲 2003 作品《淨》

攝影：蔡德茂

圖 4-7、4-8 蕭君玲 2006 作品《倚羅吟》
攝影：黃浩良

　　未定性，中國舞蹈藝術作品在創作之初，都具有未定性，也就是無目的性。因從創作者的心理意象生發至最後的作品呈現，其中要考慮的變動因素太多，絕對無法跟創作者最初的審美意象相同。而且中國舞蹈的審美意象是曖昧性的、不明確且無法用言語完全形容出來，它無法與心靈意象完全相似。這其中亦牽涉到個體的心靈體悟「妙」與「悟」的境地。但這未定性對舞蹈作品卻有著極大的空間，也是一種再創造的想像詮釋，雖然其結果未必與創作者的創作意念相同，但它卻有填補作用，如此藝術才算是被完善地呈現。這未定性亦成了創作者、舞者與觀眾心靈溝通的橋樑，也正符合美學家蘇珊・朗格所談的：「將審美意象視為人類的情感符號，強調它並非作家一已情致，而是人類共同的情感」。[1]

　　上述所探討的中國舞蹈的審美意象所具備的**文化性、虛擬性與未定性**，讓舞蹈藝術在具有娛樂功能之外，擴大了藝術的想象時空，更將作品與觀賞者的心靈貫通，而進入作品欲傳達的精神層次。

---

[1] 蔣繼華、蒼中洪，〈審美意象的現代性闡釋－接受美學視角中的審美意象〉，《安康師專學報》，16（2004.04）：36-38。

第三節 「集體無意識」－原型與象徵

蘇珊・朗格曾指出:「審美意象是以由感知得來的表象爲源起,將表象再訴諸於想像的再造形成的。關於想像與意象,在"想像"這一個字眼中,包含著打開一個新的世界的鑰匙－意象」。[1]關於意象理論的深入探究,劉勰在《文心雕龍》首次把意象作爲一個美學範疇並深入探究,

> 文之思也,其神遠矣。故寂然凝慮,思接千載,俏焉動容,
> 視通萬里;吟咏之間,吐納珠玉之聲;眉睫之前,卷舒風
> 雲之色:其思理之至乎?故思理為妙,神與物游,神居胸
> 臆,而志氣統其關鍵。[2]

神思是運行意象的過程,是藝術創作者進行藝術想像的過程,「就是審美主體(作家)感知具體事物,形成一定的表象,又經過情感、想像、理解等形象思維活動的一系列加工,從而在審美主體(作家)的頭腦中形成審美意象」。[3]中國舞蹈藝術創作乃根基於中國文化,藝術想像的感知過程需不斷地碰觸歷史積澱的跡象,尋覓民族情感、文化情感的共同感知,在這樣的基礎上創構藝術作品的審美意象。這樣的過程是相當複雜的,似乎可明確感知又含混不清的現象,這是人們的意識在歷史發展的過程中不斷地向內深化而成爲的「集體無意識」,它是一種「原型」的存在,它依然生發著能量與作用,尤其在舞蹈藝術表現時。

---

[1] 蘇珊・朗格(Susanne. K. Langer)著,《藝術問題(Problems of art)》(滕守堯、朱疆源譯)(北京:中國社會科學出版,1983),162。
[2] 周振甫,《文心雕龍注釋》(北京:人民文學出版社,1998),295。
[3] 楊　輝,〈中西方審美意象論比較研究〉,《喀什師範學院學報》,22.04(2001):77-79。

「集體無意識」是榮格其一生研究的重點，榮格認爲無意識分爲「個體無意識」與「集體無意識」。前者位於無意識較淺層處，易與意識層次聯結，而集體無意識則是較深層次的，個體不自知的，它是一種深層的歷史、文化的積澱層。「就是一種代代相傳的同類經驗在某一種族全體成員心理上的積澱物，是某種遺傳的心理氣質」。[1]「集體無意識的原型語言透過各種意象、幻想、象徵表達，與自我意識或心靈已知部分有別而獨自存在」，[2]而榮格的無意識有三個特點：

（一）無意識的發展是一種自動的過程；（二）其與意識相
輔相成；（三）它是人類共通的原始心像（primordial images）
即指原型的居所」。[3]

無意識的發展是一種自動的過程，它是一種群集的作用，群集了眾人共同的意象，是人類文化歷史的自動積澱的過程。集體無意識是隱而不顯的，但它卻能起著作用，一種隱跡的作用。「隱」是一個動詞，代表著不斷被新的身體經驗、社會經驗、文化內涵所覆蓋的跡象，跡象雖被覆蓋而隱藏了，但仍與意識相互滲透而發生作用。

一旦外在的感知觸及了集體無意識的核心「原型」，無意識就向意識層次滲透，開始起著作用，這就形成了所謂的「原型心像」（archetype images）。「原型心像」又稱爲原始意象，「從科學的、因果的角度，原始意象可以被設想爲一種記憶蘊藏，一種印痕或記憶跡象，它來源於同一種經驗的無數過程的凝縮。在這方面它是某些不斷發生的心理體驗的積

---

[1] 曾耀農，〈榮格文藝思想初探〉，《麗水師範專科學校學報》，20.6（1988.12）：26-30。
[2] 安‧凱斯蒙（Ann Casementt）著，《榮格（Carl Gustav Jung）》（廖世德譯）（台北：生命潛能文化，2004），3。
[3] 常若松，《人類心靈的神話－榮格的分析心理學》（台北：貓頭鷹出版社，2000），331。

澱」。[1]

中國舞蹈是以中國文化的基底泉源，創造出多元的「原型心像」（「原型心像」是審美意象的雛形，它是「原型本體」向意識層次擴散滲透的現象），進而構成許許多多的中國舞蹈審美意象，如中國傳統文化中的許許多多各式象徵的符號。如從古至今各氏族所崇拜的動、植物圖騰，其中以「龍」與「鳳」是最具代表的文化精神象徵之一。

> 龍崇拜決定了中國傳統文化精神中的龍意識，由於龍寄身
> 於雲水，因此古代許多美術圖案往往襯以波浪紋樣，呈現
> 著雲雷滾滾、水波滔滔的意象。古中國藝術對線條的欣賞
> 與追求，當是這種文化精神孕育出的審美心態與審美情
> 趣。而龍既為"人心營構之象"，則以龍崇拜意識為其基本
> 精神的中國藝術就自然形成了它的意象特徵。[2]

「原型本體」為體，「原型心像」為用，一者為存在，一者為作用，作用是透過象徵得以完成的。象徵是一種「隱匿之跡」，它雖隱藏於無意識層次但卻在意識層次產生作用，而每一作用後之跡象又逐漸退行至無意識層次，這是一種反覆變動的存在，它不預設立場地產生意義，它不斷在「原型本體」與「原型心像」之間來回滲透，自發性地發生「隱匿之跡」而產生意象。中國舞蹈意象是根源於文化積澱的原型，象徵使得原型能量釋出，創造了審美意象的產生，這是本能能量的不斷釋放。

榮格認為，「人類自然的象徵起源於心靈的潛意識內容，卻試圖將本能能量引導到文化價值和精神價值中去，它往往通過文學、藝術以及宗

---

[1] 李德榮，《榮格性格哲學》（北京：九州出版社，2003），19。
[2] 袁　禾，《中國舞蹈意象論》（北京：文化藝術出版社，1994），235。

教等來衍化這種生物本能」。[1]歷史文化積澱的結果,是一種隱匿的現象。榮格認為,象徵「具有雙重意義:它不僅是符號,還是一種推動和促進心理發展的力量」。[2]在審美過程中,象徵的特徵是變動的、隱喻的,它是由「原型本體」而擴散至意識,先形成「原型心像」,而後逐漸形塑出審美意象,它與藝術情感有高度的聯結。這是一種集體無意識情結的滲透湧現,榮格又稱之為原型心像,它與審美意象位居於不同的層次。「它們與藝術情感的審美特徵是相通的。

在藝術活動中,藝術情感總是伴隨著形象,以形象為載體而存在;藝術形象也必然凝聚和釋放著情感,以情感為動力。「藝術表現了這種包孕著集體無意識情結的原始意象,正是其產生不朽魅力的奧秘所在」。[3]

「原型心像」所涉及到的意識層次,與個人經驗的民族歷史與文化有關。但「原型本體」位居於無意識層次,當它遇上了不同的意識,就會產生不同的「原型心像」。「原型心像」可以說是一種象徵性意象的形塑,但它仍是隱喻的、曖昧的。「是對自覺到的問題有不自覺的反應;其源頭超越意識領域,位於原型的領域」。[4]「原型心像」是象徵性的意象形塑,它能對應於外在世界的種種現象而形塑出種種的心像。什麼是「象徵」的定義?榮格指出:

> 描述或陳述一個相對未知,但其實已知存在或設定為存在的事實。[5]

---

[1] 常若松,《人類心靈的神話－榮格的分析心理學》(台北:貓頭鷹出版社,2000),212-213。

[2] 常若松,《人類心靈的神話－榮格的分析心理學》(台北:貓頭鷹出版社,2000),212。

[3] 祝菊賢,〈榮格的無意識原型理論與藝術的情感及形式〉,《西北大學學報》,26.2(1996):72-74。

[4] 安・凱斯蒙(Ann Casementt)著,《榮格(Carl Gustav Jung)》(廖世德譯)(台北:生命潛能文化,2004),3。

[5] 安・凱斯蒙(Ann Casementt)著,《榮格(Carl Gustav Jung)》(廖世德譯)(台北:生

> 一種東西，如果我們不能或不能完全按常規對它作出合乎
> 理智的解釋，同時又仍然確信或直覺地領悟到它具有某種
> 重要的、甚至神秘的（未知的）意義，它就被視為一種象
> 徵。[1]

「象徵」透過各種文化、藝術、社會、政治、經濟等來傳達積澱於歷史恆流中的「集體無意識」，象徵基本上具備了超越性與整合性二種作用，對於中國舞蹈審美意象而言，象徵超越了時間與空間的侷限性，使創作者與表演者感知過往的歷史情結，進而透過象徵的整合性作用使其與當代審美意象融合，因此，自然而然的新的創造就產生了。因此，象徵的意義在於，「通過激發生命喚起想像，它能創造出更為新穎、更具韻味、更富吸引力的境界，並因此把人帶入意義更加充實、內容更加豐富的存在」。[2]

「象徵」的超越性與整合性這二種作用是包含著無意識層次與意識層次的，能量在意識層次形成不斷的衝擊，使得心理不斷地發生種種的變化，這樣不斷地變化蘊涵著過往被隱匿的無意識層次及當下意識到的意識，二者交織成的意象在意識層次起著變動，這就是審美意象。審美意象是變動性的心理現象，「一方面，心理描繪了整個過去的痕跡，另一方面，它又在同一幅圖畫中展現了未來的遠景，因為心靈是可以創造未來的」，[3]

這種集體無意識層次被隱匿的文化現象，在中國傳舞蹈的作品中，

命潛能文化，2004），2。

[1] 馮　川，《文學與心理學》（成都：四川人民出版社，2003），134。

[2] 李　英、王　超，〈弗洛伊德與榮格心理學中的象徵與象徵作用〉，《上海精神醫學》16.5（2004）：306-308。

[3] 李　英、王　超，〈弗洛伊德與榮格心理學中的象徵與象徵作用〉，《上海精神醫學》16.5（2004）：306-308。

亦經常的發生超越性與整合性二種作用。不論是創作者或表演者，都必須尋獲過往歷史記憶的隱匿情感，這當然是發生在意識層次的活動，但當舞蹈工作者有這樣的意圖時，他們必然不自覺的從集體無意識中湧現許許多多的「原型心像」，最後結合當今意識，創造出對該作品的審美意象。這是因為中國舞蹈在歷史縱軸中，曾無數次的留下文化的跡象，雖然這些跡象不斷的被隱匿，但其能量卻沒有消失且常常在無感知的狀態下發生作用。「它們歷經了無數次的轉化，以及多少是有意識的長期發展過程，因此，它們成為集體意象，並被文明社會所接受」，[1]所以，中國舞蹈的種種象徵，不會是固定不變的，而是活躍的變動存在，這是中國舞蹈文化不斷轉化發展卻不離根本的現象。

　　「象徵」是審美意象的初胚階段，是孕育完整審美意象的重要階段，若象徵的力量過於隱微，其「原型心像」可能只是短暫的呈現，而無法繼續發展成較具實的意象。「這要有靈氣的主體借助於獨特的眼光、比興的思維方式，以及想像力的協助」。[2]筆者在創作舞蹈作品的過程也必須經過此一過程，將一開始可能形成的眾多形象及情感，不斷地朝創作者心中那不明確且曖昧的藝術之思靠近，經由不斷的試驗與提煉，直到接近筆者的心靈意象為止。所以，中國舞蹈藝術作品的成形，創作者具靈氣的獨特眼光與想像力的執行是作品成功的關鍵之一。

　　對於中國舞蹈表演而言，「原型心像」成就審美意象，由內而外一層層顯現，而「原型心像」要成就其審美意象，就涉及到想像，想像成為重要的因子，筆者在創作過程中，經常引導舞者進入與現實世界不同的意象世界，如要求舞者想像身在恆河裡，為了洗滌心靈而在恆河裡自在舞動，既然身在恆河裡，所以身體動作的質感會因水的阻力或水流的影

1　榮格（Carl Gustav Jung）著，《人類及其象徵（Man and his symbols）》（張舉文、榮文庫譯）（瀋陽：遼寧教育出版社，1987），72。
2　朱志榮，〈論審美意象的創構過程〉，《蘇州大學學報》，3（2005）：77-80。

響而產生不同質地，舞蹈動作質地變得柔軟、緩慢而有張力。這即是一種透過藝術想像而形塑出的意象。

當想像形成並將情感與肢體動作密切融合時，理智思維暫時被擱置了，進入一種不可感知的狀態。筆者於 1996 年參加台北民族舞團時，擔任蔡麗華教授所創作的舞劇「孔雀公主」裡的主要角色「孔雀公主」（如圖 4-9），當時身為表演者時即有如此的真實體驗：

> 我認為身為一個現代人，必須透過藝術想像穿越時空，進入所欲詮釋角色的「意象世界」。因此，首先要做得就是將現實世界中的理性思維暫時擱置。例如孔雀是一種靈性動物而非現實世界中的「人」，我的身體透過「藝術想像」成了孔雀世界中擬人化的孔雀公主，身體、動作、姿勢都以孔雀為摸擬對象，但其表現的情感，卻是孔雀擬人化的情感。因此，舞者的意象狀態是含混不清的，既是孔雀的身形，又蘊涵著「人化」的情欲。就舞者而言，內在的人化情感得與外在的孔雀身形相呼應，這在理智性的思維下是難以達成的。因此，透過藝術想像的作用，可以將文化中圖騰式的原型心像引出，對於現實世界的客觀標準，做出變形式的展現。人化的情感與孔雀的身形成就了一種不可感知的「意象世界」。

圖 4-9 蕭君玲演出作品《孔雀公主》
編舞：蔡麗華
攝影：蔡德茂

　　「心」與「象」合一,「心」是由歷史文化生發的心與當代審美意識的心相交融,「象」,亦是由歷史文化根據的象,再經由當代重新的形塑而成的,這是中國舞蹈獨特的審美意象創構。這樣的創構,創作者主體的心靈感受力必須靈敏、獨特,「為了實現感性對象與主體心靈的契合無間,主體獨特的眼光與想像力的作用顯得頗為重要。感性對象與主體心靈直接的契合無間是審美意象的理想境界」。[1]歷史文化所形塑出的感性對象,並非是歷史真實的對象,而是透過創作者的思維,使之感性對象與主體心靈完全融合一體。

　　「原型與象徵緊密相連。象徵是原型的外在顯現,原型只有通過象徵才能表現自己」。[2]。原型的不可感知的存在,「始終影響和指導著人們的意識和行為。我們只有透過對象徵、夢幻、神話、藝術等的分析和解釋,才能或多或少的認識原型,進而了解集體無意識」。[3]

　　原型這一隱而未顯,卻又存在的現象,它似「空無」而不可感知,但原型卻不著跡象地滲透至意識層次,透過象徵而發生作用,在原型的隱匿之跡下呈現出「原型心像」,此隱匿之跡是不具體、不明確的象徵性形塑的過程,引申「不著跡象的滲透過程,卻又產生了作用與反應」的「原型心像」,象徵的意義就在於由隱至顯的動能。所以榮格認為,「象徵就是一種有意義的意象,是促使心理變化的工具。當理性的源泉不充足時,精神就會產生一種象徵」。[4]所以,文化與歷史的不斷創造,源於人類本能能量的擴展,這一擴展藉由象徵不斷將潛意識能量引導至意識層次,來面對的各種文化與歷史內容,不斷地自發性產生有意義的意象,這些群集的有意義的意象,不僅轉換了舊有的象徵意義,在另一方面而

---

[1]　朱志榮,〈論審美意象的創構過程〉,《蘇州大學學報》,3（2005）:77-80。
[2]　常若松,《人類心靈的神話－榮格的分析心理學》（台北:貓頭鷹出版社,2000）,212。
[3]　常若松,《人類心靈的神話－榮格的分析心理學》（台北:貓頭鷹出版社,2000）,212。
[4]　常若松,《人類心靈的神話－榮格的分析心理學》（台北:貓頭鷹出版社,2000）,212。

言，它更蘊涵了超越的內涵，舊有的象徵意義並未消失，而是被重置或更新了，它超越了舊有的象徵意義。

第四節　本章結語

　　審美意象包含二個向度，一個是「意」的向度，其中包含深層的無意識層次與表層的意識層次；另一個是「象」的向度，意指審美對象，審美對象可分為虛、實二個層次。實的層次代表實質客觀的對象，虛的層次代表主體意識所虛構的對象，而虛的層次是審美意象的重要依據，是組織整個審美意象的動能，它部分源自於集體無意識的原型能量。

　　舞蹈是一種表現性藝術，舞蹈所形塑的虛幻的王國必有著社會、歷史、文化的意識作用所影響。此意象以歷史文化的底蘊，抒發情感內容，以舞蹈姿勢動作為形式，融合當代的新思維來重新詮釋，它是想像的、虛幻的。中國舞蹈是講究意境塑造的藝術，有了審美意象方能創構藝之意境，而意境又是中國古典美學的重要核心範疇，意境論是許多偉大的中國古典美學家論述的重點，「意境說的精髓，用一句話說那就是“境生於象外”，“象”是事物的外表形象、形態，它是感性的、可見的，具體而明晰」，[1]當然，「象」亦可指涉非外表形象的對象，即隱喻之象。

　　「意象的創構以主體的審美經驗為基礎。主體進入審美活動中作意象的創構，需要主體在外在環境的刺激下逐步積累起形式感，有通過想像活動作虛擬構象的能力，並且具有一定的自我意識」。[2]所以中國舞蹈的審美意象是個體所獨具的意象，但它亦是一種集體的意象。因審美意象的形成必涉及到民族、文化與社會環境的交互作用，而且身體會自然的記憶當時的文化情感與審美意象的經驗，這是一個民族與文化生命的延續與積澱，它是隱而未顯的。因此，審美意象就單純視角而言，它是

---

[1] 陳　春，〈論中國舞蹈的意境及審美特徵〉，《藝術‧設計》，（2005.09）：191-192。
[2] 朱志榮，〈論審美意象的創構過程〉，《蘇州大學學報》，3（2005）：77-80。

屬於個體的獨創性，但若將民族與文化的因素涉入此範疇中，那審美意象就不純然是個體的獨創性，更屬於一種「集體無意識」。

　　無意識的發展是一種自動的過程，它是一種群集的作用，群集了眾人共同的意象，是人類文化歷史的自動積澱的過程。榮格認為無意識分為「個體無意識」與「集體無意識」，前者位於無意識較淺層處，易於與意識層次聯結，而集體無意識則是較深層次的，個體不自覺的。「就是一種代代相傳的同類經驗在某一種族全體成員心理上的積澱物，是某種遺傳的心理氣質」。一旦外在的感知觸及了集體無意識的核心「原型」，無意識就向意識層次滲透，開始起著作用，這就形成了所謂的「原型心像」（archetype images）。[1]「原型心像」又稱為原始意象，「從科學的、因果的角度，原始意象可以被設想為一種記憶蘊藏，一種印痕或記憶跡象，它來源於同一種經驗的無數過程的凝縮。在這方面它是某些不斷發生的心理體驗的積澱」。[2]中國舞蹈即是以此為積澱，創造出多元的「原型心像」，它是審美意象的雛形，是「原型本體」向意識層次擴散滲透的現象。

　　此種現象，在中國舞蹈的作品中，不論是創作者或表演者，都必須尋獲過往歷史記憶的隱匿跡象，當舞蹈工作者有這樣的意圖時，他們必然不自覺的從集體無意識中湧現許許多多的「原型心像」，最後結合當今意識，創造出對該作品的審美意象。「它們歷經了無數次的轉化，以及多少是有意識的長期發展過程，因此，它們成為集體意象，並被文明社會所接受」，[3]所以，中國舞蹈的種種意象，不會是固定不變的，而是活躍的變動存在，這是中國舞蹈文化不斷轉化發展卻不離根本的現象。

　　因中國舞蹈審美意象是不斷變動的，所以對中國舞蹈而言，其審美

---

[1] 曾耀農，〈榮格文藝思想初探〉，《麗水師範專科學校學報》，20.6（1988.12）：26-30。
[2] 李德榮，《榮格性格哲學》（北京：九州出版社，2003），19。
[3] 榮格（Carl Gustav Jung）著，《人類及其象徵（Man and his symbols）》（張舉文、榮文庫譯）（瀋陽：遼寧教育出版社，1987），72。

應避免落入公式化的標準中，否則將會抑制了「原型心像」自發過程。
如雕刻家朱銘所言：

> 欣賞藝術，只有在主觀意識不壟斷心靈空間的時候，千奇
> 百怪的訊息才能進到內心，也才能與創作者散發的藝術頻
> 率同步共振。[1]

　　中國舞蹈的審美意象既然是築基於中國文化的沃土上，所以每一肢
體姿勢與動作都必蘊涵著中國文化意義的象徵，不論是祭天法祖或祭四
川山靈，或轉化成一種樂舞、古典舞，或是少數中國舞蹈都離不開文化
根源。這種象徵是不斷「退行」後又「前行」的呈現，這些文化經由歷
史長時間的積澱過程，緩慢逐漸地「退行」至潛意識，再至無意識層次。
每一次的「退行」都會產生一些跡象，而每一跡象都將被後來的新跡象
所覆蓋或融合。中國舞蹈的歷史發展，就是不斷用新象徵取代舊象徵，
進而成為文化與藝術的產物。所以文化經由歷史長時間的積澱，就使得
顯現之跡「退行」至無意識層而成了「隱匿之跡」。雖然它不可感，但我
們卻不能否定它的存在與實際的作用。中國舞蹈的表現，也是無法脫離
這早已「退行」至無意識層的歷史「隱跡」現象與作用，對於以中國文
化為積澱的舞蹈，是這新象徵與舊象徵重新融合的呈現。

　　中國舞蹈的審美意象也就是在不斷地「退行」與「前行」的新舊象
徵融合中產生的意象，這樣的意象是具有生命不斷創新的實質意義與內
涵。但目前中國舞蹈作品，多數著眼於外在形態的模倣或太講究程式的
規範性，容易將某舞蹈教材中的基本動作加以改變其組合性來當其作品
的動作元素，在動作的設計上亦較缺乏新意，並忽略了作品內在層次的

---

[1] 潘　煊，《種活藝術的種子－朱銘美學觀》（台北：天下遠見出版，2005），189。

意象顯現。筆者認為創作者應追根溯源，尋覓並體驗隱蔽於歷史跡象中的生命情感，進而依此心靈意象與情感體驗尋找並提煉相映的動作元素來作為表現的媒介。這樣的中國舞蹈作品才能將沈澱於人類心靈底層，普遍共通性的本能經驗或情感引動，引發欣賞者的共鳴。

第五章　結論與建議

第一節　結論

　　舞蹈是藝術的一種。是以經過提煉、組織、美化了的人體
動作為主要藝術表現手段，著重表現語言文字或其他藝術
表現手段所難以表現的人們的內在深層的精神世界──細
膩的情感、深刻的思想、鮮明的性格，和人與自然、人與
社會、人與人之間以及人身內部的矛盾衝突，創造出可被
人具體感知的生動的舞蹈形象，以表達作者（編導和演員）
的審美情感、審美思想，反映生活的審美屬性。[1]

　　中國舞蹈歷史源遠流長，融合著各民族間的審美意識與審美情感，
並反映當時的生活情景。舞蹈在歷史的發展過程中，各民族間的矛盾衝
突與融合的現象，象徵著中國舞蹈豐富的形式與內容，亦象徵著深化的
美學、藝術的思維與情感。「經過幾千年的演變發展，中國舞蹈 "體如游
龍、轉似回波、行雲流水、彩雲追月" 似的形式特徵得到繼承與發揚，
呈現出 "形神兼備、綽約閒靡"，極具韻味的意境」。[2]「意境」，對於中
國舞蹈創作而言，是極為重要的範疇。創作者欲要表達的內在想象，由
舞者的動作、姿勢傳達，創作者的內在想象用實際的肢體表達，將現實

---

[1] 中國藝術研究院舞蹈研究所，《中國舞蹈詞典》（北京：文化藝術出版社，1994）。
[2] 陳　春，〈論中國舞蹈的意境及審美特徵〉，《藝術‧設計》，（2005.09）：191-192。

世界給虛幻化的呈現出來，但這其中是蘊涵著現實世界裡人們心中真實的情感。所以舞蹈藝術創作是以感性與理性兼具的動態藝術，因是動態的藝術，且表演主體是人，無法控制的人為因素因此增加，即使是相同的演出也是無法完整重現的。因它不同於雕刻、繪畫作品以靜態的形式長久留存，舞蹈演出是當下即消逝的。

中國舞蹈藝術的創作在於以抒情性的方式，創造「意境」美學，喚醒隱匿於人們內心深處的情感經驗，這是一種表現生命歷程的身體述說。因此，「一個藝術家或哲學家應該不僅創造和表現一種思想，還要喚醒那些把思想植根於他人意識中的體驗，而藝術品就是將那些散開的生命結合起來，而不是存在於這些生命中的一個。好的藝術作品，乃是在於一種表現歷程之述說」。[1]

中國舞蹈藝術重視「虛實相生、氣韻生動、形神勁律」的特點，而這特點為的就是「形塑藝術境界」，成為中國舞蹈的重要內涵，其內涵亦蘊藏著豐富的審美情感。舞蹈藝術的「意境」形塑總抒發著人們內心深處的情感，這是創作者與舞者交織而成的一種超乎現實世界的虛幻想象，由於虛化的形式與情感所形塑出的「意境」，往往更能填補著人們現實生活中不可實現之情感，播撒出更強大的情感能量。

「中國有一傳統的說法，即藝術必須言有盡而意無窮，必須形神兼備。聯繫到虛與實的關係，可以說那有盡就是實，那無窮的意就是虛。………藝術中既不能沒有實，也不能沒有虛」[2]由虛實相生而言，創作者對於訓練舞者「忘掉」自我是一項重要的工作。「忘」的舞蹈身體、動作、姿勢，就如同虛化了的身體。實際的形體成了虛化，虛的精神意涵成為實際的主導體。「虛化」帶出了「實境」，這也才是舞蹈藝術真正

---

[1] 黃　榮，〈梅洛龐蒂的"身體"與繪畫藝術的表現性〉，《貴州民族學院學報》，1（2005）：127-130。

[2] 杜書瀛，《文藝美學原理》（北京：社會科學文獻出版社1998），98-99。

的「虛實相生」。

對於以身體技能爲表現的舞蹈藝術而言,「"氣韻"在整個技能藝術表現的過程中,是此藝術的生命靈體。技能藝術表現中,應"氣"中有"韻","韻"中有"氣",二者相輔相成」,[1]中國舞蹈「氣韻」的生動體表現在幾個特點上:一是「動靜協調,創構形象美」,二是「圓流迴轉,展現流暢美」,三是「屈彎平衡,形塑曲線美」,四是「形神融合,體現意境美」,而上述這些「美」的特點都必須由「身體之氣」與「身體之韻」來加以控制,「意境」方能被創構、呈現而引發心靈迴響。

在中國文藝評論中,「神韻」是一個尋常重要的概念。無論談詩、論畫、品評音樂、書法,都離不開神韻二字。只有把握住了"神","形"才有了生命力。「眼神的聚、放、凝、收、合並不是指眼球自身的運動,恰恰是受著內涵的支配和心理的節奏所表達的結果,這正是說明神韻是支配一切的。形未動,神先領;形已止,神不止,這一口訣形象地、準確地解釋了形和神的關係和聯繫。」[2]以下針對中國舞蹈審美內涵之三項特點進行結論。

一、中國舞蹈審美之「虛實相生」、「氣韻生動」、「形神互融」的特點

（一）虛實相生

1. 藝術作品透過虛與實的統一,藝術之「意境」方能有效地被表述。舞臺上虛實互映的身體表現,是較容易做得到的。

---

[1] 鄭仕一,《中國武術審美哲學－現象學詮釋》（台北：文史哲出版社,2006）,102。

[2] 于 平選編,唐滿城著,《中國古典舞身韻的形神勁律-中國舞蹈教學》（北京：北京舞蹈學院,1998）,105-110。

困難的是舞者身體技巧與形式在表演時必須化掉。雖然身體動作、姿勢是舞蹈依存的對象，但將身體技巧與形式忘掉，身體才能有更大的變化空間，才真正能形塑出舞蹈藝術的「境界」。所謂「忘掉」意指舞蹈表演者將自我身體動作、姿勢精煉至「成熟而忘」的程度，如此內在的情感方能成為主導，引動身體而舞蹈。「忘」是舞蹈表演者在藝術展現過程中一種「虛化」的重要過程，它與舞蹈身體動作、姿勢相對而成就一種曖昧的「虛實關係」。

2. 關於虛實相生，創作者對於訓練舞者「忘掉」自我是一項重要的工作。「忘」的舞蹈身體、動作、姿勢，就如同虛化了的身體。實際的形體成了虛化，虛的精神意涵成為實際的主導體。「虛化」帶出了「實境」，這也才是舞蹈藝術真正的「虛實相生」。「由實向虛」的審美深化過程中，一個創作作品對舞者的訓練而言，是極為困難的任務，要讓舞者體驗一種「虛境」，並將此「虛境」的情感透過身體動作表現出來，同時又要求舞者將形式化的身體動作、姿勢給「忘掉」或「虛化」，這是一個多麼困難的過程。所以，舞蹈創作者經常多次重覆地操作著同一套舞蹈動作，要求舞者作到「精熟而忘」的程度，因「精熟而忘」才能將「虛境」中的情感自然的引動出來。

（二）氣韻生動

1. 中國舞蹈是一種身體藝術表現，因此在創作上對於形體、動作、姿態的掌握必須能做到「氣韻」綿綿的境地，所謂「綿綿」是指在觀賞舞蹈動作之後，引發腦海中不斷地迴響，或在心靈情感上有著一絲綿綿若存的感動，也就是對於舞蹈外

在形體的感知已經模糊了，而對於舞蹈所蘊涵的「氣韻情感」則綿綿不息。

2. 在舞蹈創作或身體表現中的「氣韻」是一種身體經驗，而此身體經驗又與一般的言詞表達有著一定程度的差異，也就是說這種身體經驗或「氣韻表現」是「難以論述」。在這樣的身體經驗中，「想像力和知性這兩種機能的關係，基本上處於不和諧的狀態。在這個不和諧的狀態裡面，似乎有一種跡象不明的可能和諧狀態，做為不確切境界的更高程度的和諧」。[1]也就是在這一不和諧狀態中所創造出的一種平衡狀態。

3. 舞蹈藝術不僅是身體技能的展現而已，其隱藏在作品內部的時代精神、文化意涵亦是探討的重點。「氣韻生動」對舞蹈藝術而言，蘊涵著形象的變化性、技巧的虛化性、精神的播撒性、意境的超越性等深刻的審美內涵，而這一切都源自於身體之「氣」，有了變化不定的「氣」，「韻」方能「生動」。

4. 在中國古典美學中，「氣韻」是重要的範疇，而中國舞蹈以身體為藝術表現的媒介，是一種綜合時空的藝術形態，對於「氣韻」的掌握也就相對地重要，中國舞蹈的藝術表現中常見一種綿綿細長而不中斷的「氣韻表現」，這有如道家所云之「綿綿若存」的意境。即使在一連串的動態肢體活動中要求快速定住，「由動到靜」如亮相，也不是一併將「氣韻」也切割。在中國舞蹈獨特的亮相動作之中，其氣與韻依舊不中斷地、仍醞釀於體內，同時間，由眼神、五官、身體肌肉的張力統

---

[1] 龔卓軍，《身體部署－梅洛龐蒂與現象學之後》（台北：心靈工坊，2006），11-12。

合起一種氣勢與體韻，進而傳達所欲表現的藝術情感。反之「由靜到動」對於舞者來說必須具備某種「預動」，「預動」是一種未動之動，也是一種非靜之靜，如欲左先右，欲前先後，欲上先下；由呼吸引導身體啓動的動力與方向，這並不是一件簡單的事，它的困難在於：這是介於「靜」與「動」之間，非靜之靜、未動之動的細緻，這是一種「氣韻張力」，必須結合良好的身體、意志、情感的因素方能掌握。而這一細緻的掌握在中國舞蹈中極爲重要，也是中國舞蹈藝術形塑「意境」的重要關鍵之一。

（三）形神互融

1. 傳神、入神代表著舞蹈藝術展現時的境界，如上述傳神者，氣韻生動也。另而言之，傳神或入神亦指涉舞蹈表演者一種形神合一、勁律和諧的美學觀。舞蹈如同書法、詩詞、繪畫一樣，除了要求以身體舞出「形態」之外，更要求能傳達出所蘊藏之「神韻」，「形態」與「神韻」的融合表現了舞蹈藝術的旨趣。舞蹈藝術在表現外在形象特徵時，同時必須注意內在精神的傳達，形神兼具的藝術表現是中國文化的特徵之一。

2. 舞蹈的藝術性展現的程度，端視舞者的身體與意識，身體與意識決定了「形、神」的融合層次，因此，舞蹈藝術的展現在本質上除了是編舞者的引導外，舞者所表現的「形神、氣韻」是舞蹈作品是否成功的關鍵之一。舞蹈作品的詮釋並無法藉由外在的學習與模仿，是須靠舞者自身的修爲與體悟。

3. 中國舞蹈的形神相融如朱銘對雕刻藝術所體悟的道理一樣：

「技術與藝術這互爲表裡的兩面，第一層是形而下的訓練，累積的是手上的技巧性功夫，練成了之後，才能以最流利的熟悉度，心手同步，進行反射動作，直接激發內在潛能，造就藝術的極致」。[1]

二、中國舞蹈的審美意境

王國維《人間詞話》的境界說，在他立論的基礎上，將不斷地擴散境界的意義，形成多元意義的現象，在探討的結果中發現我們不能斷論地訴說何者爲對，何者爲誤！亦不應該以高低設限來看待境界本身。在"寫境"與"造境"、"有我之境"與"無我之境"、"隔"與"不隔"的區別上是有某種程度的相似性，而舞蹈藝術在動態的不確定性本質上，對於"意境"的掌握亦是艱難的。對於藝術境界而言絕對無法一刀切，沒有絕對的"隔"也沒有絕對的"不隔"，是藉由主觀的觀察，以我觀物爲出發，若以物觀物也是以我爲主的觀物，這二者僅在於主觀情感程度之差異。以下分四點來說明：

（一）心靈層次的造境與身體層次的寫境，此二者並不是可以明確分開來的；心靈層次是身體的隱匿之跡，身體表現是心靈的外化表現，心靈身體化，身體心靈化成爲中國舞蹈身體文化的重要特點。

（二）有我之境較偏向「以我觀物」層次；無我之境則是較趨向「以物觀物」，我之情是「隱」的。其實有我之境與無我之境，都蘊涵著「我」的存在，「無我」仍是一種「有我」的現象，就中國舞蹈文化的身體情態而言，「無我」可以說是「忘我」，在身體運行之中忘却了四肢形體與時間、空間的相對性，而

---

[1] 潘　煊，《種活藝術的種子－朱銘美學觀》（台北：天下遠見出版，2005），11。

擴大了同一性。

（三）在舞蹈藝術中「情」與「景」在本質上已有一定程度的交融互滲，「景」是舞者身體、動作、姿勢與舞台空間、燈光、佈景、道具等織構成「景」。唯過多的、矯情的、做作的「情」的表現則會造成「情」與「景」的分離；反之亦同。因此，舞蹈藝術創作的困難就在於此分寸的掌握，在交融互滲的過程中可以播撒出創作者內心深處的藝術思維，「情」和「景」交融互滲的恰到好處亦是「意境」生發的關鍵。

（四）「情主景從」是一種由內引外的藝術表現，是以「情」為主的藝術表現。因此，相對於理性意識而言，中國舞蹈往往因「情」而降低了理性思維的控制力，或可說這是一種「因情而醉」的藝術表現。「醉」，是中國舞蹈創作者在創作過程中需要的心理現象，因為創作本身並不完全是「理性思維」下的產物，「藝術創造的能力，乃是根於天成，雖能受理性學識的指導與擴充，但不是專由學術所能造成或完滿的」，[1]關於「醉」與「醒」，美學家宗白華先生認為這是藝術創作思維的兩翼，對舞蹈藝術而言，藝術創作與舞者表現都是在「既"醉"既"醒"」的現象，「醉」方能使「情」湧現而播撒，進而帶出作品的「意境」。

（五）中國舞蹈身體文化所追求的境界最後仍得被消解，這才是真正境界的獲致，才能確實地自由、自在、自然地和諧運用身體，呈現真切的「道」的精神。

三、中國舞蹈的身體表現

（一）本文運用現象學的角度分析中國舞蹈之審美，推論出身體、

---

[1] 宗白華，《美學與意境》（北京：人民出版社，1987），20。

動作、意識三者是環節問題而非片段問題，這三者的關係是相互作用的環節。身體、動作、意識三者乃爲中國舞蹈藝術之形與神，是變動性存在的身體表現。就舞蹈而言，動作無法脫離身體而存在，身體無法脫離意識而存在，每一時刻都是身心相互作用的表現，這種身體表現表示著「變動性的存在」。又例如動作無法脫離空間、時間而單獨存在；中國舞蹈若脫離了所有的文化元素，那麼它就不是中國舞蹈。

經由現象學的探討，對於中國舞蹈傳統與創新的問題，傳統就如環節一樣與當代思維聯結在一起而無法切割。任何對傳統的詮釋都是立基於當代思維，這樣的前提下，所作出的傳統舞蹈都是一種創新再現，故傳統與創新本質上是環節問題。若將傳統與創新視爲片段問題，矛盾就會發生，對於中國舞蹈的創作者而言，這無疑是最錯誤也是最殘酷逼迫。因此，透過哲學分析，能夠讓中國舞蹈免於陷落此矛盾中，這就有如人們常將靈魂（或稱作心靈）與身體分開來看，以爲它們是片段問題；事實上，「靈魂是屬環節性的，與身體有著根本上的關聯」。[1]

（二）中國舞蹈身體表現之「多重」與「同一」：經過本文以現象學視角探討，結果歸納出：舞蹈表現的「同一性」指的是立基於中國文化基礎下發展的中國舞蹈，「多重呈現」則意謂著多種類型的中國舞蹈表現風格。筆者認爲，在立基於中國傳統文化精神與當代審美意象的融合下，中國舞蹈的創作不僅是可行的，更是相當有價值的藝術發展，這是在同一性的基礎上所發展的多重呈現。

---

[1] 羅伯・索科羅斯基（Robert Sokolowski）著，《現象學十四講（Introduction to phenomenology）》（李維倫譯）（台北：心靈工坊，2005），45。

不同的主體可能看到的是同一事物，卻看到不同的面向與角度，這是事物多重呈現的現象之一。舞蹈藝術的呈現更是如此，由於舞蹈不同於一般語言表達的方式，身體動作的隱喻性蘊藏著更大的想像空間，因此，它比語言符號更爲含混不明確。所以不同的主體欣賞著同一個舞蹈作品，也會有很大的差異。例如許多中國舞的創作，在保守派人士的觀點與年輕一代創作者的觀點就有所不同，對於很多中國舞蹈的傳承與開發，以及身體動作的建構上產生了差異。筆者認爲中國舞的創作在當代必然會受當代思維觀念所影響，但這些影響有助於觀念的開發，而不是將現代舞各派別的動作套用。對於中國舞蹈的種種爭議，也是因這多重呈現而導致。這些都是同一性的多重呈現，這是事物存在的規律，也是不可避免的現象。

（三）中國舞蹈身體表現之「顯現」與「不顯現」：中國舞蹈運用現象學「顯現」與「不顯現」的理論來印證舞蹈的身體表現是貼切且適合的。中國舞蹈藝術是以表現中國文化情感爲核心的，不論表現的是大眾情感或是個體情感。在中國舞蹈的創作過程是運用想像來捕捉、凝聚情感的，由此內化情感至外化於身體動作的過程，這是由「空虛意向」創造「滿實意向」的過程，是「不在場顯現」至「在場顯現」的過程。在場顯現的是中國舞蹈的身體動作，這是表面的顯象，但不在場顯現的是舞蹈藝術背後的隱喻之象。隱喻之象是藝術作品的內在核心。顯象是明言，隱喻是隱藏的，明言即爲舞蹈身體動作，隱藏的是蘊涵於作品中的思維與情感。

（四）中國舞蹈的創作承擔著傳統與創新的雙重使命，因此，需要一種新的思維來進行探究，而現象學「懸擱」的方法本質上與藝

術創作的現象是契合的。此路徑提供了舞蹈藝術創作者、舞者與欣賞者一種進入藝術作品世界的方法。因「藝術家對待世界的態度與現象學家對待世界的態度是相似的」。[1]創作者的感性思維一定程度地「懸擱」了理性判斷，此「懸擱」有如現象學還原的方法，它是一種中止理性判斷的方法。現象學對於舞蹈藝術而言，提供了創作者與舞者一個「懸擱」過往經驗的干擾，讓自我進入純然的感性世界，而不是習慣性地以一種既定的預設立場來創作、表演或欣賞舞蹈藝術。

四、中國舞蹈審美意象的本質

中國舞蹈審美意象經由本文的探討，筆者歸納出審美意象的本質上蘊涵著「文化性」、「虛擬性」與「未定性」。

（一）「文化性」：中國舞蹈藝術注重「物我貫通」、「情景合一」、「形神融合」、「氣韻生動」、「心靈身體化」等概念都蘊涵著深湥的文化哲理性，若創作者或舞者的審美意象不是從中國文化內涵來切入，就不能成爲具有中國特色的中國舞蹈藝術。

（二）「虛擬性」：中國舞蹈世界即是一種形塑的虛幻想像世界，因爲中國舞蹈是寫意性的，爲了表現某種情境，是不需寫實的將欲表達的時空實際的搬至舞臺上。特別在戲曲舞蹈的表演即常運用此種手法。創作者運用了許多虛擬手法。將現實世界的實物替代轉換成舞蹈虛構時空裡的象徵符號，或直接的用舞蹈肢體及情感將此虛幻時空的情境表現出來，

（三）中國舞蹈藝術作品在創作之初，都具有未定性，也就是無目的性。因從創作者的心理意象生發至最後的作品呈現，其中要考

---

[1] 倪梁康選編，《胡塞爾選集》（上海：上海三聯書店，1997），1203。

慮的變動因素太多，絕對無法跟創作者最初的審美意象相同，這即是未定性。而且中國舞蹈的審美意象是曖昧性的、不明確且無法用言語完全形容出來，當然這其中亦牽涉到個體的心靈體悟「妙」與「悟」的境地，這也是舞蹈的未定性。但這未定性對舞蹈作品卻有著極大的空間，也是一種再創造的想像詮釋，雖然其結果未必與創作者的創作意念相同，但它卻有填補作用，如此藝術才算是被完善地呈現。這未定性亦成了創作者、舞者與觀眾心靈溝通的橋樑，也正符合美學家蘇珊・朗格所談的：「將審美意象視為人類的情感符號，強調它並非作家一已情致，而是人類共同的情感」。[1]

五、中國舞蹈文化積澱下的「集體無意識」現象

本文運用榮格心理學所提的：通過遺傳而塑造成型的心靈氣質，即「集體無意識」的理論來探討中國舞蹈的審美意象，希望能更深入的探討中國舞蹈審美意象的核心。探討發現中國舞蹈審美意象不僅是個體所獨具或獨創的意象，這一種審美意象必涉及到民族、文化與社會環境的交互作用。而中國舞蹈隨著歷史的進展，同時經歷了創造與改變，這些改變是與中國文化進程同步發展的。舊有的舞蹈形式、內容及精神象徵朝向文化內層而深化，進入了文化積澱的核心層，每一次的深化都如一道道的跡象成了文化深層的印記。這些跡象或印記是隱藏於深層內在的，而且不斷地被新的文化內容重新刻劃，這就是歷史、文化不斷發展而其根源不斷向內隱匿的現象。

此現象雖隱藏於無意識層次但它卻作用在意識層，每一作用後的跡象又退行至無意識層次，這種反覆變動的相互依存，來回滲透的作用力

---

[1] 蔣繼華、蒼中洪，〈審美意象的現代性闡釋－接受美學視角中的審美意象〉，《安康師專學報》，16（2004.04）：36-38。

量，是中國舞蹈審美意象形成的主要能量。個體不自覺地受這種能量的引導，進而引發創作或表演時的審美意象，這是包含著無意識層次與意識層次二種新舊的情感表現，這是有文化根基的動態藝術。

中國舞蹈的審美意象也就是在不斷地「退行」與「前行」的新舊象徵融合中產生的意象，這樣的意象是具有生命不斷創新的實質意義與內涵。但目前中國舞蹈作品，多數著眼於外在形態的模倣或太講究程式的規範性，容易將某舞蹈教材中的基本動作加以改變其組合性來當其作品的動作元素，在動作的設計上亦較缺乏新意，並忽略了作品內在層次的意象顯現。筆者認為創作者應追根溯源，尋覓並體驗隱蔽於歷史跡象中的生命情感，進而依此心靈意象與情感體驗尋找並提煉相映的動作元素來作為表現的媒介。這樣的中國舞蹈作品才能將沈澱於人類心靈底層，普遍共通性的本能經驗或情感引動，引發欣賞者的共鳴。

第二節 建議

中國文化的表現是大氣的、寫意的,但其身體動作的表達是細膩的。所以對中國舞蹈文化的審美意象探究必須以「鷹眼觀大局,蟻目查秋毫」的宏觀氣度及微觀精神去探求,以追求事物的闊度及深度,這是初步的理論與實踐結合的探究。因筆者才疏學淺,對於中國舞蹈的意象探討僅能運用既有的理論與自身實務上的經驗作印證探討,並無法從既有的探討中經過深思消化而建構出一套屬於自我對中國舞蹈審美意象的理論。其能在未來的研究中透過更多視角的探究,發展出自我對中國舞蹈審美意象的理論體系。

對於中國舞蹈的創作,中國舞蹈文化在與當代意識融合之下,可以是多元呈現的同一性,這多元呈現可以從哲學的、美學的、社會學的、文學的多視角切入。中國舞蹈的動作規範並不一定得從舊有的學習模仿才叫傳統中國舞蹈,必須打破此框架,而是將此多元詮釋意義視爲「創作元素」,這些創作元素都蘊涵著深厚的文化情感跡象,對於這些寶貴的文化跡象,不應視爲是一種創作的侷限,應將它視爲是一種創作資源。因此,筆者將持續的對中國舞蹈進行創作,從文化根源探求,試圖發展自身對中國舞蹈的新體認,新風貌。

參考文獻

《專書》

于　民、孫通海，《中國古典美學舉要》（安徽：安徽教育出版社，2002）。

于　平選編，唐滿城著，《中國古典舞身韻的形神勁律-中國舞蹈教學》（北京：北京舞蹈學院，1998）。

于　民、孫通海，《中國古典美學舉要》（安徽：安徽教育出版社，2002）。

王克芬，《中國舞蹈發展史》（上海：上海人民出版社，2004）。

王國維著、劉鋒杰章池/集評，《人間詞話百年解評》（黃山書社，2002）。

中國藝術研究院舞蹈研究所，《中國舞蹈詞典》（北京：文化藝術出版社，1994）。

朱立人主編，《舞蹈美學》（台北：洪葉文化出版，1994）。

朱志榮，《中國藝術哲學》（東北師範大學出版社，1998）。

朱志榮，《中國審美理論》（北京：北京大學出版社，2005）。

弗雷·羅恩著，《從佛洛伊德到榮格》（陳恢欽譯）（中國國際廣播出版社，1989），118-119。

安·凱斯蒙（Ann Casementt）著，《榮格（Carl Gustav Jung）》（廖世德譯）（台北：生命潛能文化，2004）。

李澤厚，《華夏美學》（天津：天津社會科學院出版社，2001）。

李澤厚，《美學三書》（天津社會科學院出版社，2003）。

李澤厚，《美的歷程》（天津：社會科學出版社，2001）。

李漁，《閒情偶寄·結構第一》（臺北：明文書局，2002）。

李立亨，《我的看舞隨身書》（台北：天下遠見出版社，2000）。

李德榮，《榮格性格哲學》（北京：九州出版社，2003）。

杜書瀛，《文藝美學原理》（北京：社會科學文獻出版社 1998）。

杜書瀛，《李漁美學思想研究》（北京：中國社會科學出版社，1998）。

拉基（Douglas P. Lackey）著，《行動理論與舞蹈美學》。

宗白華，《宗白華全集第二卷》（林同華主編）（合肥：安徽教育出版社，1994）。

宗白華，《宗白華全集第三卷》（林同華主編）（合肥：安徽教育出版社，1994）。

宗白華，《美學散步》（上海：上海人民出版社，1981）。

宗白華，《美學與意境》（北京：人民出版社，1987）。

周　秦，《蘇州昆曲》（台北：國家出版社，2002）。

周與沉，《身體：思想與修行》（北京：中國社會科學出版社，2005）。

周振甫，《文心雕龍注釋》（北京：人民文學出版社，1998）。

金民那，《文心雕龍的美學－文學的心靈及其藝術表現》（台北：文史哲出版社，1993）。

胡經之，《文藝美學》（北京：北京大學出版社，2003）。

徐復觀，《中國藝術精神》（華東師範大學出版社，2001）。

祖保原，《文心雕龍解說》（合肥：安徽教育出版社，1993）。

孫　穎，《三論中國古典舞》（北京：北京舞蹈學院漢唐古典教研室）。

倪梁康選編，《胡塞爾選集》（上海：上海三聯書店，1997）。

袁　禾，《中國舞蹈意象論》（北京：文化藝術出版社，1994）。

莫里茨‧藝格爾，《藝術的意味》。（華夏出版社，1999）。

夏基松，《現代西方哲學教程》（上海：上海人民出版社，1985）。

《莊子》（台北：智揚出版社，1993）。

常若松，《人類心靈的神話－榮格的分析心理學》（台北：貓頭鷹出版社，

2000）。

隆蔭培、徐爾充，《舞蹈藝術概論》（上海：上海音樂出版社，2002）。

馮　川，《文學與心理學》（成都：四川人民出版社，2003）。

馮　川，《神話人格》（武漢：長江文藝出版社，1996）。

張祥龍，《從現象學到孔夫子》（北京：商務印書館，2001）。

榮格（Carl Gustav Jung）著，《探索心靈奧秘的現代人（Modern man in search of a soul）》（黃奇銘譯）（北京：社會科學文獻出版社，1987）。

榮格（Carl Gustav Jung）著，《人類及其象徵（Man and his symbols）》（張舉文、榮文庫譯）（沈陽：遼寧教育出版社，1987）。

葉程義，《王國維詞義研究》（台北：文史哲出版社，1998）。

潘　煊，《種活藝術的種子－朱銘美學觀》（台北：天下遠見出版，2005）。

潘莉君，《沉醉東風》（台中：漢明書局，2004）。

鄭仕一，《中國武術審美哲學－現象學詮釋》（台北：文史哲出版社，2006）。

羅伯・索科羅斯基（Robert Sokolowski）著，《現象學十四講（Introduction to phenomenology）》（李維倫譯）（台北：心靈工坊，2005）。

蘇珊・朗格（Suanne. K. Langer）著，《情感與形式（Feeling and form）》（劉大基、傅志強、周發祥譯）（北京：中國社會科學出版社，1986）。

蘇珊・朗格（Susanne. K. Langer）著，《藝術問題（Problems of art）》（滕守堯、朱疆源譯）（北京：中國社會科學出版，1983）。

劉　建、孫龍奎，《宗教與舞蹈》（北京：民族出版社，1998）。

龔卓軍，《身體部署－梅洛龐蒂與現象學之後》（台北：心靈工坊，2006）。

《碩博士論文》

胡昭昉，〈身韻・意境・生命－中國古典舞藝術審美特性分析〉（汕頭大

學碩士學位論文，2004）。

楊　爽，〈論宗白華美學思想〉（東北師範大學碩士學位論文，2005）。

《期刊論文》

于蔚泉，〈舞蹈意象與審美建構〉，《山東藝術學院學報》，1（2005）：73-77。

卞　晨，〈中國早期舞蹈談略〉，《揚州教育學院學報》，20.2（2002.6）：
　　39-41。

王克芬，〈中國宮廷舞蹈發展的歷史軌跡及其深遠影響〉，《北京舞蹈學院
　　學報》，（2004.03），15-24。

王衛東，〈中國漢族舞蹈發展脈絡概述〉，《玉溪師範學院學報》，17.5
　　（2001）：74-77。

王慶衛，〈從“氣韻”看中國古典美學的詩性思維特點〉，《長安大學學
　　報》，6.2（2004.06）：68-72。

王文娟，〈舞：中國藝術中深蘊的美學靈魂〉，《人文雜誌》，3（2005）：
　　94-98。

朴相泳，〈略論“氣韻生動”及其美學意義〉，《理論學刊》，4（2005.04）：
　　123-125。

朱志榮，〈論審美意象的創構過程〉，《蘇州大學學報》，3（2005）：77-80。

李保民，〈舞蹈的特質及與其他藝術的關係〉，《鄭州大學學報》，35.4
　　（2002.7），82-85。

李吉勇、胡立新，〈榮格與李澤厚「積澱」說的比較〉，《黃網師範學院學
　　報》，24.5（2004.10）：46-50。

李　英、王　超，〈弗洛伊德與榮格心理學中的象徵與象徵作用〉，《上海
　　精神醫學》16.5（2004）：306-308。

周成平，〈論宗白華的美學思想〉，《青海師專學報》，4（2004）：5-9。

姚怡曉，〈試論宋代舞蹈的藝術特徵和審美取向〉，《甘肅社會科學》，4（2004）：167-169。

祝菊賢，〈榮格的無意識原型理論與藝術的情感及形式〉，《西北大學學報》，26.2（1996）：72-74。

陳　捷，〈嚴羽"滄浪詩話"美學思想初探〉，《重慶郵電學院學報》，2（2005）：268-271。

陳　春，〈論中國舞蹈的意境及審美特徵〉，《藝術・設計》，（2005.09）：191-192。

彭　松，〈舞蹈審美漫話－象外之象〉，《名家專欄》，（2005）。

張永清，〈現象學懸擱在美學和藝術領域中的方法論效應〉，《中國人民大學學報》，4（2003）：147-152。

黃　榮，〈梅洛龐蒂的"身體"與繪畫藝術的表現性〉，《貴州民族學院學報》，1（2005）：127-130。

曾耀農，〈榮格文藝思想初探〉，《麗水師範專科學校學報》，20.6（1988.12）：26-30。

齊海英，〈"氣"－中國古代美學的元範疇〉，《社會科學輯刊》，3（2004），171-173。

楊　輝，〈中西方審美意象論比較研究〉，《喀什師範學院學報》，22.04（2001）：77-79。

鄭仕一、蕭君玲、鄭幸洵，〈舞蹈藝術創作之現象學詮釋〉，《大專體育學刊》，7.1（2005.3）：13-23。

蔣繼華、蒼中洪，〈審美意象的現代性闡釋－接受美學視角中的審美意象〉，《安康師專學報》，16（2004.04）：36-38。

謝　琳，〈民族民間舞的文化底蘊〉，《衡陽師範學院學報》，25.2（2004.4）：

142-144。

蕭君玲、鄭仕一，〈從梅洛龐蒂的"身體知覺"探討舞蹈藝術〉，《大專體育雙月刊》，79（2005）：84-89。

竇培德，〈大唐盛世的皇家宮廷舞蹈〉，《當代戲劇》，（2003）：48-52。

蘇宏斌，〈作爲存在哲學的現象學－試論梅洛龐蒂的知覺現象學思想〉，《浙江社會科學》，3（2001）：87-92。

《舞蹈節目冊》

台北民族舞團 2006 年度公演，《拈花》（節目冊），2006/9/30、10/1 台北城市舞台公演。

凱薩琳堡舞蹈劇場（Provincial Dances Theatre），《Lazy Susan》（台北：國家劇院演出，2005），節目冊舞作介紹。

賽司克・傑樂伯（Cesc Gelabert），《黃金比例》（台北：新舞台新舞風節目冊，2005）。

《網路資料》

大紀元文化網（2005，12 月 15 日）：中國舞蹈簡述。資料引自
http://www.epochtimes.com/b5/1/9/5/c5141.htm。

大紀元網站。http://www.epochtimes.com/b5/5/1/3/n768670.htm。

許義雄，〈臺灣身體運動文化之建構－就臺灣身體文化談起〉，《臺灣身體文化研究網站，http://www.bodyculture.org.tw/others/article01.htm》。

雲門舞集網站。http://www.cloudgate.org.tw/cg/works/index.php?id=9。

舞影網站，http://www.isdance.com/wdzy/lunwen/lunwen.htm。

國家圖書館出版品預行編目資料

中國舞蹈審美/ 蕭君玲著. -- 初版. -- 臺北
市：文史哲, 民96
　頁：　公分.（文史哲學集成；524）
　ISBN 978-957-549-707-1 (平裝)

1. 舞蹈 － 中國

976　　　　　　　　　　96004946

文 史 哲 學 集 成　524

中 國 舞 蹈 審 美

著　　者：蕭　　　　君　　　　玲
出 版 者：文 史 哲 出 版 社
　　　　http://www.lapen.com.tw
登記證字號：行政院新聞局版臺業字五三三七號
發 行 人：彭　　　正　　　雄
發 行 所：文 史 哲 出 版 社
印 刷 者：文 史 哲 出 版 社
　　　臺北市羅斯福路一段七十二巷四號
　　　郵政劃撥帳號：一六一八〇一七五
　　　電話886-2-23511028 ‧ 傳真886-2-23965656
實價新臺幣三四〇元
中華民國九十六年（2007）三月初版
中華民國九十七年（2008）五月初版二刷